寧與高手爭高下，
不與傻瓜論短長

老楊的貓頭鷹——著

前言

不夠圓滑也不夠世故的你，就像是一個立方體。情商不高，卻十分敏感；喜歡熱鬧，但討厭人群。

你一邊壓抑著消極的情緒，一邊努力讓自己看起來活潑開朗、積極向上。結果是，心裡都炸出蘑菇雲了，臉上還掛著「很高興認識你」式的微笑。

離得太近怕被嫌棄，離得太遠怕被忘記；對別人好怕被辜負，對別人不好又覺得良心不安。一個不留神，你的心理陰影面積就達到了九百六十萬平方公里。

不夠成熟也不夠幼稚的你，在哪裡都像個局外人。一臉世故，但沒有故事；自命不凡，卻又無足輕重。

你明明有很多計畫和安排，卻常常提不起精神，心裡想著「反正還有時間」，可等的過程又覺得「空虛無聊寂寞冷」。

你整天都在想著「自律」「堅持」，可稍微努力一下子，就想放煙火讓全世界知道；稍微吃了一點兒苦頭，就想被人「親親抱抱舉高高」。

結果是，你所謂的「年初計畫」，慢慢都變成了「年終笑話」。

你蟬聯了很多屆的「盯著手機大賽」「拖延大賽」和「吃垃圾食品大賽」的年度總冠軍。作為「怕麻煩星球」的常駐居民，你恨不得將語音提示改成「您撥打的用戶是社交恐懼症患者，請下輩子再撥」。

你在白天的時候強調「餘生很貴，不能浪費」，卻在晚上變成了「人生苦短，越睡越晚」。

結果是，你嘴裡喊著要「養生」，作息和飲食卻像是在「輕生」。

你餘額不多，支付方式卻有很多；你賺得不多，想買的倒是不少。你學了很多省錢的小妙招，最常用的竟然是「不買了」；服務員結帳時問你「是現金還是刷卡」時，你恨不得問一句：「能刷碗嗎？」

結果是，在最容易賺錢的年代，你成了最容易被賺走錢的人。

別人追求遠方，是因為遠方有夢想和詩意。你追求遠方，卻是因為那裡人生地不熟，有利於隱藏「當前的不如意」和「曾經出過的醜」。

結果是，你背熟了詩，也到了遠方，生活對你依然是——雖遠必誅。

你試著鋒芒畢露，卻常常傷人傷己；你試著曲意逢迎，卻又被嗤之以鼻；你什麼都看不慣，可你什麼又改變不了；你嘴裡讚美著陽光，心裡卻藏著陰暗的小念頭……

你時而悲傷地覺得：這個世界大概沒有人能理解自己；時而又驕傲地認為：自己不

需要任何人的理解！

最後連你自己也搞不清楚，到底要怎樣才能在稜角分明的同時又溫情四溢，在我行我素的同時又不受排擠。

但事實上，不論你怎麼做、怎麼選、怎麼活，一定會有人不理解你、看不慣你、看不起你。

不論你是用事實說話，還是用實力說話，又或者是不說話，一定會有人義正詞嚴地對你「胡說八道」，一定會有人無比自信地覺得「我最正確」，一定會有人以「我是為你好」的名義來指導你，也一定會有人打著「朋友」「前輩」「過來人」的旗號打攪你的生活……

這時候，你要試著理解他們，原諒他們，因為有時候，你也是他們。

最好的心態是：喜歡的東西照常喜歡，但允許自己暫時無法擁有；反對的事情依然反對，但接受它們客觀存在。

最好的做法是：不動聲色就能過去的事情，就不要浪費時間和精力；能用表情貼圖就解決的問題，就不要講髒話和狠話。真的沒有多少人是值得你賠上人品和教養的。

你只須記住：欲成大樹，莫與草爭；將軍有劍，不斬蒼蠅。

如果爭吵可以解決問題，那麼潑婦一定是個高薪職業；如果靠吼可以搞定一切，那麼驢將統治世界。

我希望誰都不會跟你計較，是基於你很優秀，所以別人不願意跟你計較，而不是因為擔心跟你計較，會拉低自己的教養。

我希望你跟誰都不爭，是因為你在實力上有壓倒性優勢，所以不屑於「爭」，而不是因為跟誰爭，你都爭不贏。

在智商過剩的年代，用心是唯一的技巧；在情緒氾濫的年紀，實力是最大的底牌。你可以不必圓滑，但你必須懂點兒世故；你可以不再單純，但請你務必善良；你可以不喜歡功利，但請你攢夠實力；你可以「不羈坦蕩愛自由」，但請你務必心存敬畏。

一個知世故而不世故，同時相信善良、努力，並且心存敬畏的人，一定是一個穩重、踏實、清醒、有主見、知分寸的人。只有那些兩手空空、腦袋空空的人，才喜歡用手指頭和舌頭去和全世界開戰。

我所謂的「穩重」，就是能在無謂的爭辯中全身而退，能對他人不如己意的言行保持克制，也能對不傷筋骨的挑釁一笑置之。

我所謂的「踏實」，就是不需要靠「順從他人」來獲得安全感，不需要靠「貶低別人」來獲得優越感，不需要靠「被人看到」來獲得存在感；就是能平靜地面對一切，知道自己該做什麼，不該做什麼，以及可以不必做什麼。

我所謂的「清醒」，就是當有人不拿你當回事的時候，你還瞧得上自己；當有人抬舉你的時候，你沒有太拿自己當回事；就是任憑這個世界如何瘋狂、浮躁或複雜，而你能始終保持警覺、善良和一塵不染。

我所謂的「主見」，就是你的判斷是基於你掌握的資訊，然後分析、思考，繼而獨立得出的結論，而不是因為十個人裡面有九個人都是這樣說了，所以你也這樣說。

我所謂的「分寸」，就是有力排眾議的資本，卻不會離經叛道；有犀利的鋒芒，卻並不會引人反感；有勝人一籌的智慧，卻不會喧賓奪主；有肝膽相照的交情，卻不會底線全無。

這樣的你，不會再對上一段關係耿耿於懷，也不會對下一段感情草木皆兵。

這樣的你，身體上不怕辛苦，精神上不怕孤獨；攻，可以攻城掠地；守，可以孤芳自賞。

這樣的你，不奢求結果，不假設困難。因為你知道，根本就沒有非黑即白的生活，有的都是好壞參半的人生。

這樣的你，不會隨便感動，也不會隨便憤怒，旁人看到的，只是你肝腸寸斷或狼煙四起平息後的安然。

所以，不賭天意，不猜人心。悄悄努力著，看時間怎麼說。

願你在千頭萬緒的生活中能自有主張，願你在好壞參半的世界裡能守「腦」如玉。

願事與願違時，你不會整日憤憤不平；願得償所願時，你不必終日惶惶不安。

願世界繼續熱鬧，願你還是你。

目錄

平生多識趣，何故討人嫌

參加朋友的婚禮，鄰座是一位與我年齡相仿的女孩，洗沒洗過心不知道，但一看就是革過面的。

幾句簡短的寒暄之後，這女孩的話匣子就打開了。從工作內容、婚戀情況問到星座、血型，再從個人收入問到家庭成員……要不是因為她遞過來的名片上寫著「某保險公司業務經理」，我真的會自戀地認為她對我一見鍾情。

宴席開始之後，她的問題又來了。「你寫什麼類型的書籍？」「你平時喜歡什麼運動？」「你有沒有注意養生？」「你最近體檢過嗎？」聊著聊著，重點來了：「你要不要考慮再買一份保險？」

說這句話的時候，她還特別熱情地給我夾了一隻大蝦。我趕緊把筷子放下，然後禮貌地微笑著說：「我不太習慣陌生人給我夾菜，謝謝。」

其實渾身上下都起了雞皮疙瘩，而且感覺就好像是全世界的烏鴉都在我的頭頂上列隊飛過。

我努力表現得客客氣氣，只想表明我不想跟你有任何關係。

不幸的是，她並不這麼覺得。

婚禮的第二天，這女孩不知道怎麼就加了我的微信。隨之而來的是朋友圈裡洗版的保險廣告，沒完沒了的險種連結推送，以及不計其數的「幫我投個票」和「幫我按個讚」。

更過分的是，在我不知情的情況下，她用偷換概念的方式將保險名稱植入我的文章裡，並以「原創」的形式發表。我讓她刪除文章，她卻說：「你那麼能寫，不差這一篇嘛！」

抱著「少生點氣，多活兩年」的原則，我把她刪了。誰知過了兩天，她重新申請加我。附帶說明竟然是：「你是不是不小心把我刪了啊？」

我對天發誓，我真的沒有不小心。

遇到一個熱情氾濫的傢伙，無異於攬了一件苦差。

一來，你需要裝出熱情來回應他，這會讓人非常難受；二來，這種熱情消失的速度和出現的速度一樣快，這種巨大的落差會讓人覺得虛偽。

最賠本的地方是，這種熱情既不會產生友誼，也不能交換見識，它更像是一種騷擾，一種侵犯。除了增加聯絡人名單的長度、影響心情、瓜分時間和注意力之外，毫無益處。

熱情氾濫的人往往是這樣的。今天遇到陌生人A，就跟A好得像是失散多年的親人；明天遇到陌生人B，又跟B好得像是久別重逢的老友。他跟誰都好得一塌糊塗，可好像誰都沒拿他當回事。

為什麼會這樣呢？因為他只是看起來熱情滿滿，實際上對每一段關係都是別有居心。

行為一旦越了界，就馬上底線全無；熱情一旦過了頭，就顯得厚道不足。

換個角度來說，當你發現有人故意把天聊死，故意聽不懂你的暗示時，極有可能是因為對方不想和你發展任何關係。他不是蠢，也不是聾，只是對你沒興趣，別想太多。

畢竟，這個世界最穩定的關係，就是沒有關係。

＊＊＊

自從在一個電視節目上拿到了演講比賽的冠軍，葉子小姐就成了大忙人。但凡是誰需要做PPT簡報或者寫演講稿，首先就會想著找她幫忙。

有人是找她指導表情和姿態，有人是找她教教發音、控制節奏，還有人居然是找她「幫忙得個獎」。

附帶的說辭還有，「妳是高手，是前輩」「妳寫出來的演講稿最好了」「妳三兩下就搞定了」……

葉子小姐要是反問一句，「我上次不是已經幫你做過一次？你照著做就可以了」或者「我上次不是已經教過你嗎？你再看看之前的聊天記錄就行」，得到的回覆往往是，「不好意思啊，我真的不會。」

葉子小姐要是推託一下，「我最近比較忙」「暫時沒時間」。對方就會一臉的可憐相，「拜託拜託了，我確實不會。」

一氣之下，葉子小姐發了一個朋友圈，「我不知道什麼是演講，給錢也不知道，望周知。」

世界上最厲害的「技能」當屬「我不會」，因為說完「我不會」，他的苦差馬上就能變成你的苦差。

比如，他給你發了幾張旅遊照，希望你幫忙給處理一下，理由是「我記得你上次幫我弄過，非常漂亮，可我不會弄」，於是，你就得再幫他一次。

比如，老闆讓他做個GIF格式的動圖，他說「我不會」，這事情馬上就會變成你的了。

你需要在焦頭爛額的學習或工作之餘，從寶貴的休息時間、遊戲時間裡抽出一部分來奉獻給他。

而他呢，可以心安理得地更新著朋友圈和微博，可以心情愉悅地看著電影電視劇，可以熱熱鬧鬧忙著交際和娛樂。

「我不會」的意思是，「我也不準備會了，反正有人會，幫我一下就行了」。

最可怕的是，求你幫忙的時候，他可能會說「這事情不著急，你方便的時候就行」「不用太完美，差不多就行了」，其實是在說，「你得幫我，而且要盡心盡力」。

一旦你真的給了他一個「差不多」的結果，問題就會接踵而來，比如，「這個地方能不能再幫我改一下」「那個地方能不能再調整一下」……

更有甚者，你幫了他七分，他會覺得你不仗義，覺得你應付他，非但不感激你，反而還會覺得你欠他三分。

求人幫忙，你的出發點至少是這樣的：一、你們之間有不錯的交情，注意，是對方也覺得不錯；二、對方可以得到切實的好處，比如你願意付錢；三、你在努力學習、日日精進，以免在同一個問題上再三地麻煩別人；四、你求助的頻率很低，往往是發生在迫不得已的情況下……

否則的話，你看似是占了便宜、躲了麻煩、避了困難，實際卻是在不知不覺中變得討人嫌。

希望同事或者下屬轉發到朋友圈，作為主導者，你該想著如何讓內容更有趣、有效，讓轉發的人覺得自豪而不是丟臉；你該用尊重、平視的溝通方式而不是指令，更不要用「團隊文化」的名義變相地挾持。

職場確實需要互相幫助，但也確實沒有那麼多的舉手之勞。畢竟，誰賺的錢都辛苦，誰的時間都寶貴。大家的首要目的是透過腦力和體力來換取報酬，不是來交朋友的。

所以，與其糾結如何「化同事為朋友」，不如保持一個客氣、禮貌的距離。趣味相投的，就與他多閒談幾句；話不投機的，微笑著打個招呼即可。

換個角度來說，如果對方沒有爽快地答應你的請求，其實就差不多等於「委婉地拒絕了你」。

比如他說，「我回去再想想」「我跟我家裡人商量商量」……所以你就不要再沒完沒了地追問「你上次還沒回覆我呢」「你是不是忘了」……

你要記住：不是一個肯定的「Yes」，就是一個肯定的「No」。

特別強調一下，別人對你好，是希望你也能對他好，而不是讓你覺得自己很了不起；別人不願意麻煩你，其實也是不願意被你麻煩，而不是讓你以為他從來就沒有難處。希望人人都有自知之明。

＊＊＊

蔣涵跟她的老公大吵了一架，氣得把新買的手機摔了個稀碎。她本意是找我聲援她的，結果被我狠狠地頂回去了一下。

是這樣的，正準備開飯的時候，蔣涵見老公一副心事重重的樣子，就問他出了什麼事。結果他支支吾吾好半天，才說了四個字：「心情不好。」

顯然，蔣涵被這四個字絆了一個大跟頭。她首先想到的是，「我這麼費勁做了一桌子飯菜，你怎麼可以不領情。」於是她開始追問到底發生了什麼。可她老公懶得理她，起身就去洗澡了。

蔣涵越想越生氣，就去偷看了她老公的手機，並在微信群裡看到了她老公被老闆點名批評的事情。

於是，她不依不饒地追問，「你到底做了什麼？」「你怎麼會被老闆點名批評？」「這會不會影響你晉升？」「你是不是有什麼事情瞞著我？」

她老公突然就爆炸了，然後就對她吼起來了。

在向我講述事情的前後經過時，蔣涵還特意跟我強調：「其實我挺理解他的，我理解他壓力大，理解他工作辛苦，理解他人際關係複雜……」

我說：「這哪是理解？分明就是用『理解』造了個句子而已。」

你只是舉著「我關心你」的大旗，肆意侵犯了他的隱祕空間，忽視了他需要獨處的要求，並美其名曰「我都是為了你好」。

你要是真為他好，就拿出「他覺得好」的樣子來，而不是自認為善解人意，實則不依不饒。你的這種「好」，沒有人稀罕。

真要是為他好，就要站在他的角度去分析和考慮，而不是為了滿足自己的好奇心和窺探欲，胡作非為之後還要給自己發一張「好人卡」。

比如，你願意聽他滔滔不絕，但也尊重他什麼都不想說，並且理解他不說是有緣由的。

你們偶爾會意見相左，但你不會不依不饒地糾纏下去，而且懂得給對方臺階下。

你們關係親暱，但不會窺探對方的隱私，並且給彼此留足了私人空間，而不是讓想獨處的那個人無路可退。

這樣的「好」是建立在彼此獨立、互相尊重的基礎上的，不是輾壓式的全盤接管，也不是捆綁式的同生共死。

還有一種更可怕的「為你好」，是自己不要隱私了，還要以此為資本，去要求別人也不能有隱私。

比如，他大方地向你展示全部的聊天記錄，於是要求看你的聊天記錄；他承諾可以為通訊錄的每一個名字提供解釋，於是要求你去解釋通訊錄上的某某某。

比如，他主動向你彙報行蹤，於是要求你時時告知行動和去向；他毫無保留地告訴你全部的祕密，於是要求你向他坦露全部的靈魂……

這不叫「為你好」，也不叫愛，更像是綁架，是越界打劫，是自討沒趣。

成熟的關係應該是這樣的：我們互相需要，得以保全關係；我們互不干涉，得以保全自己。

就像《薔薇島嶼》[1]裡寫的那樣：「不要束縛，不要纏繞，不要占有，不要渴望從對方身上挖掘到意義，那是註定要落空的事情。而應該是，我們兩個人並排站在一起，看看這個落寞的人間。」

所以，別再質問別人：「你這樣對我，你的良心不會痛嗎？」而是要經常反問自己：「我這樣對他，我的良心不會痛嗎？」

你該不會是覺得自己的良心一錢不值，於是就懶得問了吧？

＊＊＊

識趣是交往的安全閥。絕大多數關係的崩毀，罪魁禍首就是不識趣。

初次見面的時候，不要唐突地用過分親暱的稱呼、開自以為好笑的玩笑；不太熟的時候，不要貿然問別人的收入和家庭成員。

不要拿別人的興趣、偶像、夢想開玩笑，笑完之後容易產生「恨意」；也不要拿自己的不幸來換取同情，靠同情得來的友誼容易滋生「瞧不起」。

去拜訪朋友，未經允許不要隨便進入除了客廳以外的房間；別人給你看手機裡的照

1　編註：作者慶山，中國知名作家，曾用筆名「安妮寶貝」。

片，未經同意不要隨便左右滑動；用別人電腦的時候，未經授意不要亂點資料夾。

朋友跟別人互傳訊息的時候，你就不要湊過去看了；用別人的東西要先問一下，不要真的「隨便」；需要別人幫忙，先要想著怎麼還這份人情，而不是覺得理所當然。

做你的朋友，偶爾能為你免費，但如果「當你的朋友」就意味著「必須免費」，那你註定會少很多人氣。

好聽的話，偶爾能當錢花，可如果你想用好聽的話來為自己省錢，那你必然會少很多財氣。

識趣的人既不會為難自己，也不會為難別人。他知道自己的身分，也知道自己在對方心目中的分量；並以此來決定自己說什麼、做什麼。

識趣的人該明白，「別人會」不等於「有義務幫我」，「別人有錢」不等於「我可以不還或者晚點兒還錢」，「別人不討厭我」不等於「喜歡我」，「別人不開心」不等於「非得跟我說」，「別人沒有拒絕」不等於「答應」……

世界再怎麼互聯，也需要「朋友圈限定好友可讀」，需要「發送交友邀請」；生活再怎麼開放，也需要「生人勿近」，需要「少來煩我」。

你閉嘴的時候，我最喜歡你

人生的噩夢之一，就是不管你在做什麼，一公尺之內總有一張嘴巴，這裡嘟囔你一下，那裡糾正你一下。而且，你最好不要反駁，否則的話，他的「嘟囔」或「糾正」就會沒完沒了。

Q先生四十歲出頭，當過幾年中學語文老師，是那種「確實會背一些聖人訓，也確實很招人煩」的人。平日的朋友圈裡最常發的文字都摘自《弟子規》或者《古文觀止》。據傳聞，Q先生能將一千零八十字的《弟子規》倒著背出來。

然而，真正讓Q先生「聞名於朋友圈」的卻是他那張「很碎的嘴巴」。

在一位長輩的壽宴上，八十歲的壽星向大家挨個介紹賓客，被介紹到的人都是點頭示意一下即可，輪到Q先生的時候，他當著眾人的面給了老壽星一些「中肯」的人生建議，包括：「心態一定要好」「平日一定要少些操勞」「作息規律一定要繼續保持」……

老壽星僵笑著點頭應和，然後趕緊打斷他的「指點」去介紹下一位……

宴席開始之後，幾個年輕人在飯桌上聊起了最新的電影，還相約假日一起聚餐。坐在對面的Q先生發話了：「你們這些年輕人啊，還是什麼都不懂，平時有點兒時間就只顧著吃喝玩樂，都不知道多陪陪父母。」

這幾個人忍著沒說話，碰了一下酒杯，然後聊起了網路上的新鮮事。Q先生顯然是被他們的無視給刺激到了，他追問道：「你們的父母難道沒有教育你們，長輩說話時，要認真聽嗎？」

此時此刻，這幾個年輕人的內心都已經炸出了蘑菇雲，好看的臉也被腦子裡的怒火撐大了一碼。而Q先生卻依然沒完沒了，「現在的年輕人都太沒有教養了，這要是在春秋時期，可以直接拖出去杖斃」。

一個男生率先「炸了」，他大吼道：「關你什麼事？」

Q先生倒是「穩得住」，他一字一句地念著《弟子規》裡面的經典名言，試圖要好好地跟這位「沒素質」的小夥子講講道理。

最終的結局是，這個男生掄起酒瓶砸在了Q先生的腦袋上……

毛姆曾說過：「長輩最大的修養，就是控制住批評晚輩的欲望。」

真的，誰都懂得那麼幾條「自己講得頭頭是道，其實人人都知道」的大道理，誰都會那麼幾句「但凡是有一顆正常的腦袋，就一定會背」的名言警句。時時刻刻都把這些東西掛在嘴邊的人，往往最煩人。

被人瞎指點的感覺就像是你正吃著飯，有人在旁邊指導你：「來，張嘴，好，開始嚼，對了。你看，你都知道怎麼吃飯了。」

生活中常常會有這樣一類人。

你提了一件不痛不癢的小事，他馬上就擺出一副「你怎麼可以這麼蠢」的神情，然後說一些老掉牙的大道理，試圖教育你。

你提出某個新穎的觀點，他馬上就像是偵探那樣快速地「發現破綻」，然後開啟「辯論模式」，試圖說贏你。

但在你看來，你並沒有感受到他的好心好意或者見識的睿智新奇，更多的只是：這個人好像是為「抬槓」而生的。

這類人一般不會發起話題，而更願意做話題的「搶奪者」或者「終結者」。

不論你聊什麼，他都能輕而易舉地接過去，然後開始反駁、爭論，不論是不是他擅長的話題，他只聽一兩句，就馬上得出「這個我早就知道了」或者「你說得不對」之類的結論。

然後，將別人組織的聚會變成他滔滔不絕的個人秀，將本該是輕鬆的聊天變成他舌戰群雄的戰場！

其實，普通見面聊天只是交換見識而已，不是搶答題，也不是辯論賽。以嘴碎的方式刷出來的存在感，只會惹來厭煩。學會閉嘴是成年人的美德。

我的建議是，當你做不到「口吐蓮花」時，一定要懂得「沉默是金」。主動選擇閉嘴的意思是，我並非無言以對，而是不願在你身上浪費時間，所以等著，等你閉嘴。

＊＊＊

人生的噩夢之二，就是身邊有一個喜歡亂開玩笑的成年人。

曾收到一個女孩的私訊，大意是說自己經過了七八輪的「廝殺」，打敗眾多的競爭對手進入了一家夢寐以求的大公司，可第二天就憤然選擇了辭職。

辭職的原因竟是一位男同事開的「玩笑話」。那是第一次跟大家見面，這位男同事就當眾問她：「妳這滿臉的皺紋都不填一下，妳男朋友親得下嘴嗎？」

眾人哄笑，這位自尊心極強的女孩一下子就垮掉了，獨自躲在廁所裡哭了整整一個下午，第二天就申請離職了。

開玩笑最起碼的要求是：要避開別人的短處，否則就不算玩笑，而是當眾嘲笑！

構成「玩笑」的前提條件是：當事人覺得好笑，才算是開玩笑。

俗話說：「良言一句三冬暖，惡語傷人六月寒。」情商最低的一種人，就是明明可以好好說的話，非要用最令人憎恨的方式表達出來。

這個世界上，人與人的成長環境千差萬別，所以每個人有著不同的價值觀、不同的生活習慣和性格特點、外貌特徵。學會對他人的不足或者個性有所諒解，不輕視，不嘲弄，不笑窮，不揭短。

高情商的本質，不是八面玲瓏的客套，而是推己及人的體諒。

因為亂說話而導致別人生氣的時候，你就別再強解釋說：「我只是開玩笑啊，你就當我是開玩笑，不就好了？」

這句話說得極其輕鬆，但實際上毫無人性。就像沒有憂鬱症的人對憂鬱患者說：「你不要瞎想，不就好了？」

就像倒頭就能睡著的人對失眠患者說：「你就往床上一趴，不就睡著了？有那麼難嗎？」

一個善意的提醒：寧可保持沉默像個呆子，也不要一開口就證明自己是個渾蛋。

＊＊＊

人生的噩夢之三，是無處不在的「我都是為了你好」。

大學入學考填志願的時候，我選擇了傳播學，原因是自己喜歡寫東西。這一決定公開後，反應最激烈的是在教育局上班的鄰居阿姨。她的理由很多：「不利於就業」「太虛了，沒什麼實際技能」「當個老師多實在啊，鐵飯碗，還輕鬆」「你聽聽我的吧，我是過來人」「你這孩子怎麼這麼倔強呢」「我都是為了你好」「阿姨我吃過的鹽比你吃過的飯還多，聽我的沒錯」……

在說服我失敗之後，這位熱心腸的阿姨又開始遊說起我的爸爸媽媽來。遊說的方法可以總結為兩點：一是猛烈抨擊我所選科系種種的不利，二是猛烈誇讚她建議的師範學校的種種優越性。

最後，除了回應「嗯」和「哦」，我們全家人在她面前，就像是上帝在製造啞巴時打過的草稿！

當時的我，真想送她一個九十度彎腰的鞠躬，求她立刻把那張滔滔不絕的嘴巴閉上。

孟德斯鳩曾說，當一個人視自己是別人生活的裁判時，他的所作所為就不是關懷，而是暴力。

喜歡說「我都是為了你好」的人，容易擺出一副「奉旨辦差」的姿態。

隊友可能對你說過：「為了你，我們犧牲了這麼多，你怎麼就不能遷就一下大家呢？」

前輩可能對你說：「我吃過的鹽比你吃過的飯都多，聽不聽由你，反正我都是為了你好。」

朋友可能對你說：「我說話比較直，可也是有一說一，都是為了你好。」

前任可能對你說：「都是因為你，我才變成這樣的！」

上級可能對你說：「你還年輕，有些事你們還不懂，但你得相信我，我都是為了你好。」

類似的「好心好意」，其實就是變相地說：「你得聽我的，否則的話，你就是不知好歹。」

這種邏輯的本質是——「我赤裸裸地剝奪了你選擇的權利，而你還必須對我言聽計從，最好還要感激涕零！」

這些隨口指點你人生的人，其實並不對你的人生負責，所以無論他們如何懷疑你、批判你，你都不要被撼動，而是要把注意力都放在重要的事情上。

用心做事的人哪有時間去爭對錯、論是非？他的時間和精力，都用在解決問題、不斷進步以及遠離「好心人」上了。

誠心誠意的指點，其目的應該是讓人日日精進，而不是讓人無地自容。

有意思的是，把人氣得發瘋的，可能正是這些口口聲聲說「我都是為了你好」的人；而那些想要遙控指揮你的人，往往是最不瞭解你的人。

這些人以「過來人」身分自居，卻根本沒有意識到：自己的人生經歷，其實並不能指點別人的江山。

不知道你們是什麼態度，反正我是挺想把這些人綁在草船上去借箭的。

人與人之間矛盾的起因之一是，總有那麼幾個人，喜歡用高標準指點別人，用低標準要求自己。

所以你總會看到有人給自己的行為冠以「我這是為你好」之名，這能讓他們心安理得地對別人肆意干涉，而且他還會用「遠見」「格局」和「開明」這類看似高大上，實則是玄而又玄的品格，來為自己的「討人嫌」做無罪辯護。

哦，對了。

如果再有人跟你說「我吃過的鹽比你吃過的飯還多」，你一定記得提醒他：鹽吃多了，容易得水腫，血管會提早老化，糖尿病和腎病的得病率會大幅增高。

＊＊＊

人生的噩夢之四，是被信任的人背叛。

趙姑娘大清早給我發了微信：「所有人都覺得她好，只有自己知道她有多噁心！」原來，她被自己的室友給「賣」了。

事情是這樣的。待人熱情的室友R找她吐槽，說同寢室的D睡覺打呼嚕、磨牙，而且好幾天不洗澡，平時說話還總喜歡帶髒字，一點兒女孩子模樣都沒有……

趙姑娘跟著附和了幾句：「是啊，這麼大的人了，也不知道注意個人形象。」

誰知當天晚上，D就指著趙姑娘吵起來了：「我不注意個人形象礙著妳什麼事了？」

趙姑娘一下子蒙了，用腳指頭都能猜到：是R洩露了她們私下的談話內容！

趙姑娘自知理虧，被D吼完之後，趕緊賠禮道歉，可在寢室裡其他人看來，自己已經被歸類為了那種愛嚼舌根的人。

我說：「妳到底還要吃多少虧，才能學會交淺不言深？小圈子最忌憚背後說人壞話。另外，妳以後離這種守不住祕密的人遠一點，同時管一管自己那張把不住風的嘴巴。凡是怕人知道的話，就不該去說。」

這樣的事情其實很常見，概括一下大約是這樣：A在你面前說B的不好，原因有一、二、三、四、五，你信以為真，然後很真誠地補充了六、七、八、九、十。

第二天，你就會發現A和B在一起愉快地玩耍，從那以後，你就成了B的仇人。

所以，交好時別說盡祕密，曖昧時別暴露隱私。你既然把故事告訴了風，就別怪風將故事吹遍整個森林。

不論是閨蜜、知己，還是前任，鬧掰了就掰了，之後千萬不能在背後說人是非，也不要拿祕密去換取信任。你永遠不知道你以為投緣的知心朋友，會用你的祕密去交換什麼東西。

曾經相好過，也曾掏心掏肺過，當初將自己的醜事和弱點暴露出來，是為了昇華感情、互相撫慰的，而不是為了以後互相傷害的。

那些守不住祕密的人，他能夠洩露的只不過是你全部人生的萬分之一，卻將他的全部人品暴露無遺。

能不能相談甚歡，那是因緣際遇的問題；掰了之後的言談舉止，那是品德教養的問題。

被一個極其信任的人背叛了，最大的損失不是少了一兩個朋友，而是從此以後，你不敢再信任任何人了，你對所有的關係都小心翼翼，並深信每個人都戴了好幾層面具。你費心揣測，以防再度上當。

但僅有防備是遠遠不夠的。你還要修煉一顆強大的內心，強到能夠承受得起傷害，強到還敢去信任；你還得變得更有本事，大到足以承擔得起後果，大到可以跟這些背叛者拉開足夠安全的距離。

不必吵，不必鬧，唯沉默是最高的輕蔑！

＊＊＊

大概是因為「說話的藝術」已經深入人心了，所以人人都在「把玩」這門藝術，以至於普通人的聊天當中夾雜了越來越多的套路。

比如，「我這人心直口快」的意思是：所以我說了什麼傷到了你，你也別怪我。

「你別放在心上」的意思是：如果你聽了很不高興，你也不能計較。

「我是對事不對人」的意思是：我絕對沒有針對你的意思，只是不小心抱怨了你。

「不是我說你」的意思是：你這麼不懂事還不讓人說了？

「我也不是說你不好」的意思是：但你確實就是這麼糟糕。

「我都是為你好」的意思是：雖然我知道你內心是拒絕的，但我就是不能憋著不說。

「你就當我沒說過啊」的意思是：如果你要計較，那你就是小心眼了。

藉口如此充分並且名目繁多，對策卻永遠只有兩個：該封鎖的封鎖，該疏遠的疏遠。

一言不合就封鎖，此乃快樂之本也。笑臉給多了，慣的全是病。

指指點點能讓你更有存在感嗎？不會。讓你有存在感的是你的能力和價值，是誠意。

大呼口號能讓你天天向上嗎？不會。讓你進步的是你的努力和堅持，是恆心。

刻薄嘴賤能讓你顯得聰明嗎？不會。讓你顯得聰明的是理解和體諒，是隨時都帶著腦子。

真正厲害的角色往往遵循這樣的原則：群處時能守住嘴，獨處時能守住心。

他們不會輕易去指點誰，也不會隨便附和大多數人的觀點；他們不會顯擺自己的能耐，也不會傳播別人的窘態。

他們知道用腦子說話，而不是用嘴巴。對於別人的輕視或誤會，他們多數選擇笑而不語；對於別人的難言之隱，他們往往懂得明知「不」問。

事實上，當一個人越發清楚地瞭解自己，他往往就沒什麼勇氣去評價別人。

梁文道在〈人人都是作家，但沒有一個讀者〉的文章裡寫道：「浮躁是這個時代的集體病症。我只知道這是一個急躁而喧囂的時代，我們就像住在一個鬧騰騰的房子裡，每一個人都放大了喉嚨喊叫。為了讓他們聽到我說的話，我只好比他們還大聲。於是沒有任何一個人知道別人到底在講什麼。」

那麼你呢，你懂得適時閉嘴嗎？

別人數落自己的男朋友、老闆或者同事，你也跟著煽風點火；別人吐槽自己的缺點，你也跟著附和。

可你別忘了：別人說「這不好、那不好」，很可能是謙虛而已；你要是跟著說他「真的是這不好、那不好」，更像是在「引來仇恨」。

不要總在那些比你胖的人面前喊著「我要減肥，我要減肥」，不要總在那些比你差一點的人面前喊著「我真是沒用，太沒用了」，也不要總在那些比你窮一些的人面前喊著「我又窮又醜，一無所有」……

真有志氣的話，還是建議你去那些比你瘦、比你有本事、比你富有的人面前去喊這些！否則的話，更像是在「臭顯擺」。

其實，愛說話沒什麼，不會說話也沒事，可怕的是，一個不會說話的人偏偏愛說話。

對這樣的人，我只想說：你說話碎得像韭菜，我很介意；你說話比較直，我很介意；你說話很多彎彎繞，我很介意；你嘴巴不嚴實，我也很介意。你閉嘴的時候，我最喜歡你。

沒有收拾殘局的能力，就別放縱善變的情緒

特別喜歡冷靜的人，是傳說中那種「經歷了大風大浪，卻還平靜得像是下雨踩濕了褲腳一樣的人」。比如朱小姐。

有一次自駕遊，她在高速公路上遭遇了車禍，車尾被後車撞得稀爛，好在人都沒事。冷靜的朱小姐快速地從駕駛座裡爬出來，然後擺好警示三腳架，將因為恐慌而癱坐在地上的肇事司機扶到路邊，再拿出手機報警、錄影、拍照……等她有條不紊地完成一系列事後工作，就過去找肇事司機聊天，以安撫他的情緒。

她一邊向肇事司機展示安全氣囊的漏氣情況，一邊預測當時的車速，並分析了撞擊的力量、角度等力學問題，就好像剛才發生的不是一起交通事故，而是一次撞擊實驗。

還有一次，她和公司一行十幾個人去杭州參加一個重要的會議，結果在首都機場等了四個多小時，等來的卻是「航班因故取消」的廣播。同行的人不是急著找客服理論，就是氣得砸東西，唯有朱小姐安靜地坐在一旁，淡定地喝著咖啡，並幫大家預訂了另一

趟去杭州的航班。

我問她：「妳該不會是天生就有一顆大心臟吧？」

她回答道：「你是沒見過我吃了多少虧。」

朱小姐所謂的「吃虧」其實是一些讓她非常懊悔的往事。

上高中的時候，因為數學成績很差，她沒少被老師嫌棄。最慘的一次是，她碰巧解了一道有點難度的幾何題，數學老師居然當著全班同學的面說：「你們看，這道題朱同學都知道，你們還不知道？」在大家哄笑的時候，朱小姐直接把數學課本扔到了講臺上，結果是，她被老師請出了教室。更嚴重的後果是，她越來越討厭數學老師，整天只想著用低分來氣老師，以至於大學入學考的時候，一百五十分的題只得了二十九分。

講到這兒的時候，朱小姐還自嘲了一番：「你說，我是不是傻？氣老師有什麼用，結果都得自己買單。」

還有一次是在家做飯，切豬肉的時候不小心把手劃破了。小她九歲的弟弟看見了，幸災樂禍地問：「妳是在滴血認親嗎？」氣不打一處來的朱小姐掄起胳膊就打了弟弟一巴掌。後果是，弟弟撕心裂肺地哭了半個小時，更嚴重的後果是，弟弟至今都跟朱小姐不怎麼親熱。

平靜之後，她自責地問自己：「我圖個什麼呢？」

她總結道：「遇事一定要先搞定情緒，再想怎麼處理事情，如果情緒沒搞好，事情肯定會搞砸。」

是啊，虧已經吃了，苦也已經受了，如果還不能長記性，那才叫損失慘重。

回過頭看，成長之路上，很多被我們認定為「嚴重錯誤」的事件，其實都有一個共同特徵，那就是當時沒有克制情緒。

比如，在臨出門的時候跟家人拌了幾句嘴，就在路上對每一個陌生人翻白眼；失了個戀，就把共同的朋友一個一個封鎖；對老闆有意見不敢當面提出來，卻像個瘋子一樣在朋友圈裡飆一些狠話……

更有甚者，只是一個眼神、一個語氣的不滿，就激動得像是護院的大鵝發現了敵情似的，恨不得衝上去咬人。

又比如，在學校裡受了氣，回家就兇自己的爸爸媽媽；在公司裡受了委屈，轉身就吼自己的家人朋友；跟另一半有矛盾了，卻讓孩子遭殃……

更有甚者，因為一時的情緒去攔火車、搶方向盤，以及失控地將凶器刺向陌生人。用一句歇後語總結就是：「挨打的狗去咬雞——拿別人出氣」。

有人據此提出了「垃圾人定律」。這種觀點認為，有些人就像是一輛垃圾車，他們裝著情緒垃圾到處走，裡面有失望、焦慮、煩躁、挫敗感，以及憤怒，當垃圾車裝滿的時候，他們就需要一個地方倒掉，很有可能就倒在不相干的人身上。所以我們要做的，不是對抗，不是辯解，更不是鬥狠，而是要盡可能地遠離他們。

兩個忠告：一、盡可能不要用自己的那張臭臉，去影響別人的心情和生活，在關係脆弱的年代，所有的克制都值得提倡。二、永遠不要拿自己的一時怒氣，去糾纏或挑釁「垃圾人」，在僅有一次的生命和難能可貴的好心情面前，所有的退讓都無比光榮。

＊＊＊

等我趕到郝姑娘約定的咖啡館時，她正趴在桌子上嚶嚶地哭。

我問：「前幾天不是帶他回家見了家長嗎？怎麼這就要分手了？」

郝姑娘帶著哭腔糾正道：「不是要分，是已經分了。」

郝姑娘和男生是從大二開始戀愛的。吸引郝姑娘的不只是男生臉上的帥氣，還有他那「笨頭笨腦」的耿直模樣。

男生第一次約郝姑娘，地點選在了體育場。原以為會聽到什麼神祕告白，結果當郝姑娘帶著忐忑的心趕到時，男生認真地問了一句：「跑八百，還是一千五？」

後來扭扭捏捏了半個多月，兩個人才正式確定了戀愛關係。在第一次真正意義上的約會之前，郝姑娘花了兩個小時精心打扮自己，可見到男生的時候，對方一句誇讚都沒說，上來就叫郝姑娘「別動」，然後伸手把她的雙眼皮貼給揭掉了。

每次跟我聊起她的這位男朋友的「無腦」日常時，她就像在聊一部喜劇的第一男主角。

看得出來，郝姑娘很喜歡他。然而，這段五年的戀情還是終結了。分手的原因聽起來就像是一部名叫《我是怎樣把男朋友給趕跑了》的肥皂劇。

平日裡約會逛街，男生走慢了，郝姑娘就會問：「走這麼慢，不喜歡陪我嗎？」男生走快了，郝姑娘則是咆哮：「走這麼快，你是趕著去投胎嗎？」

男生對她的好，她照單全收，並認為這是天經地義的；她對男生的好，卻認為比黃金還金貴，付出一點點就覺得自己像個偉人。但凡男生有一點反抗，就會被郝姑娘的一句「不喜歡就分手」給壓下去。她的解釋是：「我知道他愛我，但我就是想要他證明更多。」

理性讓人清楚地知道自己是錯的，但感性讓人不顧一切地將錯就錯。

於是，稍有意見不合，郝姑娘一定會爭個贏。她永遠是最大的，永遠是正確的，恨不得要把男生踩在腳底下，以此來凸顯自己的威風八面。

稍有不如意，她不問原因就發火，不分場合就吵鬧；當完了公主，又繼續當祖宗，把「腦子進水」當成是性格可愛，把「折騰人」當感情的試金石。

兩人分手的導火線是一則簡訊。郝姑娘私自查看男生的手機時，發現了一則「曖昧」的節日祝福簡訊，這讓郝姑娘醋意大發，就偷偷地將對方封鎖了。等到對方找男生興師問罪的時候，男生才知道是郝姑娘動了手腳。

但實際上，對方只是男生的親戚而已。這激怒了男生，他吼了郝姑娘一句：「妳是不是有病啊！我真是受不了妳！」

郝姑娘則咆哮道：「受不了我，你可以滾啊！」

男生狠狠地瞪了她五秒鐘，蹦出了兩個字：「再見。」然後轉身就離開了。

郝姑娘當時的內心戲明明是：「讓你滾，你就真滾啊？」可喊出來的卻是：「好啊，再也不見！」

閉嘴太難，補刀太爽。然後後悔，可悔之晚矣。

有一句廣為流傳的段子：「不用每日纏綿、時刻聯繫，你知道他不會走，就是最好的愛情。」可很多人卻是反著來運用於日常的，因為在心裡認定了「他不會走」，所以你就隨便越界，隨便暴怒。

到最後，說狠話的是你，難過的是你；口口聲聲說要分手的是你，頻頻回頭等對方追上來的是你，最後，後悔得想甩自己幾巴掌的依然是你。

敢問一句，你的腦子進水的時候，一般都喜歡養什麼魚？

你總是覺得對方不夠體貼，心裡話是：「如果我是你，那我絕對是個溫文爾雅的大帥哥，細心周到，會對自己的女朋友超級好。」

你總是覺得對方忽略了自己，你的邏輯是：「我今天沒有主動聯繫你，不是我不想聯繫你，而是你不想聯繫我。」

這樣糾纏久了，到後來，估計連你自己都分不清自己的動機——到底是要得到更多的愛，還是要贏。

其實，大家都是「易燃易爆易受潮」的敏感人類，何其幸運才能擁有一個能夠共存的同類，卻被你親自趕走了。

你將對方當作自己專屬的提線木偶，卻以愛之名說自己這是欲擒故縱。

那剩下的事情大概是：他會慶幸，將你變成了前女友！

我的建議是，別把自己活成一個「戲精」，錯把一廂情願當成了一腔孤勇，誤將「不被人喜歡」看成了「也許他是在試探我」。

也別把自己活成一個「火藥桶」，人與人的關係就是這麼脆弱，你鬧鬧脾氣，這個人就跟你沒有任何關係了。

***

研究所剛畢業，表弟就去了一家不錯的軟體公司。

一個週末，他來找我，還沒來得及寒暄就提了問題：「我覺得同事們瞧不起我，老闆也瞧不上我，你說我要不要換一家公司？」

我對他說：「我沒有結論給你，我只能幫助分析一下原因。在一個充滿競爭的公司裡，一般不會有人瞧不起你，更大的可能是，沒有人瞧你，因為大家都非常忙。」

他依然愁眉不展，講出了他的糟心事。

同部門有個前輩，暫且稱其為A。A平時就不怎麼搭理表弟，而且永遠是一副踟躕的樣子。公司上班時間是早上八點半，A從來都是吃完午飯才來。更可氣的是，大家的年假都是半個月左右，A卻可以休兩個多月。

有一次，表弟遲到了一分鐘卻被扣了兩百元人民幣，他瞬間就爆炸了，拿著薪資單去找老闆抗議：「憑什麼別人可以隨便遲到，我遲到一分鐘都不行？」

老闆頭都沒抬，就丟了一句：「你想做就出去工作，順便把門帶上；不想做就回家，順便把門帶上。」

我對表弟說：「如果我沒有猜錯的話，A應該是你們公司的頂梁柱吧？」

表弟說：「是的，他一個人創造的業績差不多是公司的一半。」

我笑著說：「那你憤慨什麼？你能做出他那樣的業績，你也可以像他那樣橫。」

沒有實力的「情緒」不會有人在乎的，這就好比說，獅子根本不會關心一隻羊的意見。

在職場，誰給公司賺錢，誰就會是寶貝。這和在學校一樣，誰的成績出眾，誰就會被老師寵著。

不同的是，在學校裡，你做了什麼，老師會給你打分，然後告訴你哪裡錯了，以及怎樣做才是對的。但在職場，沒有人有義務調教你，或者指出你的弊端、錯誤，或者逼著你學習、上進，你得自覺找答案，自覺變厲害。

職場上的情緒只能表明你很弱，所以你今天為了所謂的公平而嘔氣，明天又為了所謂的正義而賭氣。

可問題是，一味地想著出氣、解氣，其實也大大地耽誤了你自己——你本該賺錢、學習、上進的時間、精力都被你耗費在對抗情緒上了。

而那些真正厲害的角色，不會跟人撕扯，不會埋怨別人的猜忌和抱怨，也不會逢「吵架」必贏，而是就算有人在數落、嘀咕，卻也拿他沒轍。

當然了，你有權保持「一點就著」的臭脾氣，只要你確信有人能一直慣著你；你可以整夜玩線上遊戲和追劇，只要你能保質保量地完成作業或者工作。

換言之，放肆算不算是「犯錯」，取決於你能不能為自己的情緒買單。

羅曼．羅蘭說過，性格決定際遇。如果你喜歡保持你的性格，那麼你就無權拒絕你的際遇。翻譯成大白話是：你想任性，就得承受任性的結局；你想懶，就要接受懶的後果……反過來說，如果你沒有收拾殘局的能力，煩請你管好自己的嘴和臉。

朋友啊，臭臉給誰看呢？

希望你每天三省自身：發什麼瘋？裝什麼精？矯什麼情？

＊＊＊

如今的社會，不卑不亢的人很少見，常見的是又卑又亢。

比如，逢人藏不住事，遇事沉不住氣，生氣又兜不住火；或者輕易就陷入狂喜或絕望的情緒中，嘴裡讚美世上的一切美好，心裡藏著陰暗的想法。

可問題是，誰都會有情緒難控的時候，有情緒表明你是個「活物」。不同的是，有人喜歡當眾抹成花臉，有人卻習慣悄悄排遣。

就好像是同樣買了一本有褶皺的書。

有人會暴怒，先是找客服罵一通，罵完之後給了一個壞評價，然後「嚇唬」了一下購物平台——「我要刪除你，再見」，然後再去微博、朋友圈裡用髒話展示一下自己的怒氣，還覺得不解氣，於是將昨天買的一大包洋芋片吃光。

而有人則會幽默地開個玩笑：「哎呀，我的寶貝長皺紋了。」

不能自控的情緒是可怕的，因為你永遠不知道在情緒的挾持下，自己會做什麼，會因為哪句脫口而出的話，就被別人否定了你積攢了十幾年才累積出來的光輝形象。

所以，難過了就去吃點好吃的，或者找個小道跑跑步，傷心了就找個角落小聲哭，或者看一部喜劇片。千萬不要將自己的那張臭臉公之於眾，更不要將怒火撒在最親近的人身上。

你已經是個大人了，要學會為自己的爛情緒買單。你需要小心翼翼地發洩，精打細算地緩解，並且爭取在最短的時間內恢復正常。

舉頭望了明月，低頭就該整理一下悲傷。

日本電影導演小津安二郎有一句名言：「高興就又跑又跳，悲傷就又哭又鬧，那是動物園裡的野猴子們幹的事。笑在臉上，哭在心裡，說出的話都是心裡話的反義詞，擺出的臉色都是內心情緒的反面，這才是真正的人類。」

是的，控制情緒不叫虛偽，而是盡可能地少讓自己丟人現眼。

至於那句經典的安慰：「一切都會過去的」，對於健忘的人來說確實如此，但不見得對你有效。因為發生的事情會一直存在著，會明明白白、清清楚楚地記在帳上。

所以，越是情緒糟糕的情況下，就越要遠離社交，因為你任意一次的口無遮攔，都將成為你出糗或悔恨的呈堂證供。

情緒穩定的人就像是一棵蘋果樹，遵照自然的規則來安排樹枝的位置和長短，然後長葉、開花，最後誠實地長出蘋果。無論果實是酸澀，還是瘦小，它都不會與旁邊的樹比較，更不會幻想長出更甜的橘子來。

這樣的人，能在無謂的爭辯中全身而退，能對他人不如己意的言行保持克制，也能對不傷筋骨的挑釁一笑置之。

你已經是大人了，要知道適時地將情緒調成「飛行模式」。無人可說的不開心和無處宣洩的不痛快，自己解決就好了，不要再盼著有人來哄你了。

在情緒氾濫的年紀，橫眉怒目太容易了，難的是輕拿輕放。

如果爭吵可以解決問題，那麼潑婦一定是個高薪職業；如果靠吼可以搞定一切，那麼驢將統治世界。

所以，當你急著想要發飆的時候，不妨試著提醒自己「這只是上天的考驗」。也許幾秒鐘之後，你就會發現：這種事根本就不值得氣一下，這種人根本就不值得讓自己醜一下。

當你學會了管住脾氣，你大概就懂得了什麼叫「沒必要」。

別再說什麼「一個人思慮太多，就會失去做人的樂趣」，我想提醒你的是，待人處事如果不過一過腦子，你就會失去做人的資格。

你可以強調「彪悍的人生不需要解釋」，但也別忘了——彪悍的人生需要「後果自負」。

你的鋒芒，請有點兒善良

「我過馬路從不闖紅燈，結果每次都會被笑話，說我太膽小了；我看見乞討者會放下一些錢，結果每次都會遭來嘲笑，說我太傻了。我現在經常在想，以前老師教我們遵紀守法和善良仁愛，是不是都教錯了。」

說話的女孩姓趙，她就坐在我對面，抿一口咖啡嘆一口氣：「我身邊有好多人，他們不僅拒絕做好人好事，而且還喜歡嘲諷別人做好人好事，顯得他們多麼聰明似的。結果這些人反倒經常獲得喝彩和掌聲。那我們為什麼要做好人？好人真的有好報嗎？」

她焦慮地望著我，年輕的臉上掛著「懷疑人生」四個大字。

我沒有直接回答趙姑娘的問題，而是講了兩件我親身經歷的事情給她聽。

一個雨天，我在路邊等計程車。一個中年男人推著一輛木板車從我面前經過。因為車上的貨物太重，再加上雨天路滑，他前進的速度很慢，雨水順著他的脖子往身體裡灌，他喘著粗氣，像是剛跑完半程馬拉松。

我往前探了一下身子，本想上前幫個忙，可餘光掃到了周圍的人，發現大家都是「紳士或淑女」地舉著傘，安靜地待在原地。在那個瞬間，我突然決定「不幫了」，而是選擇和周圍的人一樣，繼續保持著體面的站姿。

這次體面的代價非常嚴重：在之後的一個月裡，我不停地遭受自己良心的譴責——我對自己的無動於衷感到羞恥並且難過。

還有一次是在一個旅遊景區內，一位穿著得體的老婦人領著一個可愛的小女孩走到我面前，露著疲憊而又尷尬的笑對我說：「小夥子，你能不能借我十塊錢，給小孩子買水喝。我們是來旅遊的，和旅行團走散了，一時聯繫不上他們。」

我正準備掏錢的時候，導遊先生一把將我拽到一邊兒，「語重心長」地對我說：「年輕人，你千萬不能給，這一看就是騙人的把戲！」

我問：「你怎麼看出來的？」

他發出了拖拉機般的笑聲，然後斬釘截鐵地說：「這都不需要用腦子想啊，你就看那個老婦人，滿臉的唯利是圖……」

我沒有跟他辯論，而是靜悄悄地走到老婦人身邊，塞給她幾張紙鈔，然後微笑著目送她們走遠。

導遊無奈地搖著頭說：「你這純屬良心氾濫，他們的日收入可能是你的幾十倍啊！就算他們沒說謊，那你看看四周，乞討的人那麼多，你幫得過來嗎？」

我不想理性地分析對錯，也不願花力氣深究真偽，我只是經過了我起碼的判斷之後，選擇了遵循自己的良心去採取行動。

關鍵是，這個微不足道的善意讓我感受到輕鬆愉快，甚至讓我願意接受任何後果——被人欺騙，或者被當成傻瓜。

就像電影《人在囧途》裡那樣，當「女騙子」騙走了擠奶工人所有的錢，遭到「聰明老闆」數落的時候，他回覆道：「騙了才好呢，騙了說明沒有人貧窮、沒有人生病、沒有人受苦。」

那麼，好人有好報嗎？

我不確定。但我可以確定的是：我不想做個鐵石心腸的「聰明人」。我並不期待成為流芳百世的那種善人，我只想在我力所能及的範圍之內，做個心安理得的普通人。

我選擇善良，選擇看似笨拙，並不是因為聽信了「好人有好報」或者「傻人有傻福」，而僅僅是因為我堅信：這麼做，是對的。

很多人不是不願意相信世間的真善美，只是因為有一些醜惡的現象被口口相傳，以致心生懷疑。於是，很多人都選擇了將自己的善良鎖進保險櫃裡，以此來預防上當被騙，以此來保全自己「聰明人」的人設。

結果呢？你學會了如何預防上當受騙，變成了鐵面無情的人。我只是比較擔心，當你習慣了用這副鐵石心腸來對待陌生人，對待這個世界之後，你會不會在不知不覺中也這樣對待自己的親朋，甚至是你自己。

有些規則，別人都沒遵守，你遵守了；有些別人都認為丟臉的事情，很多人都沒做，你卻做了……這些並不代表你錯了。

「普遍現象」不等於「它很正常」，「多數意見」不意味著「它是對的」，就好比說，不是所有的花朵都適合生長在肥沃的土壤裡。

說到底，善良是你的選擇。表達善意是一件很快樂的事情，不要因為旁人的態度而讓它變得沉重。借德蕾莎修女的話說：「這是你與上帝之間的事，而絕不是你和他人之間的事。」

你最該遵循的，不是別人的意見，而是自己的良心。

來，和我一起說：「那些影響我做好人的『聰明人』，請你離我遠一點，你醜到我了。」

＊＊＊

X先生是一位公眾號經營者，粉絲有個幾萬人了。昨天聽說某熱門事件有了定論，憤怒的他將自己的公眾號文章洗版式地轉發了一遍。每轉發一條還會加一句話：「怎麼可能是謠言，有採訪影片作證啊！有當事人的原話啊！這裡肯定有黑幕！」

然後配上大段大段的髒話，以示自己強烈不滿。

X先生是堅定的「陰謀論者」。不論熱門事件是最後出了官方報導，還是當事人在鏡頭前親自陳述，他都覺得有陰謀，他只相信那些煽動性很強的網路新聞和毫無根據的「網路上有人說」。

文字上的鋒芒畢露和圖片上的感官刺激，是X先生的終極追求。

比如，出現了醫療糾紛，他的標題是：「醫生失德，除了亂收費厲害之外，論文造假也是高手！」

比如幼稚園爆出虐童醜聞，他四處收集影片和網路資料，發表了「我要是孩子的父母，我一定掄刀去和那群惡魔拚命！」。

說到「有人空手去接墜樓的兒童，結果雙雙死亡」的新聞時，他就像是諧星附體，把原本是讓人難過的事情當笑話講，還不忘評論一番：「這個人太傻了！」

另外，類似的還有：「妳們女人打扮不就是給男人看的嗎？」「憂鬱症就是矯情！」「可憐之人必有可恨之處」的聲音不絕於耳……

句句都看似理性得像是個世外高人，實則是滿心汙穢像個沒人性的怪咖。三分的人性尚未在他的體內養成，七分的獸性就嗚嗚泱泱地湧了出來。

這倒也應了心理學上的一句名言：「強烈的情感可以置事實於不顧。」

我想說的是：你確實會賺到一點點人氣，但沒了人情味；你確實很有態度，卻缺少溫度。

你的人氣只是一串震耳的鞭炮，在本該禁鳴的地方點著了，然後一堆人都循著聲音找來了。

你的態度只是一堆冰冷的點閱數字和轉發量，在眾人需要指點迷津和正向引導的時候，你賺得盆滿缽滿，而讀者被你玩弄得團團轉。

如果說，你真的遇到了一個不負責任的醫生或者一個猥褻兒童的幼稚園老師，你真的查證了有那麼幾個逍遙法外的壞人，我還可以理解你一時的言語偏激和情緒失控，但如果你什麼都沒有經歷過，僅僅是在一個無聊的晚上，在別人的公眾號裡讀了幾篇堵心的文章，在某個網站或電視臺的新聞單元裡看了幾個揪心的事例，在微博熱門搜尋排行榜裡看到了幾個憤憤不平的消息，就開始大肆渲染人間險惡和人心叵測，那麼我真心想勸你一句：「你的鋒芒，請有點兒善良！」

在自媒體發達的時代，很多人都在追求「語不驚人死不休」，以期達到一擊即中的傳播效果。

看到不公平的現象，他們就會搖旗吶喊，巴不得把全天下的髒話都說一遍；看到不合理的事情，他們就帶頭咬牙切齒，恨不得掄起菜刀就衝出去。

可事實呢，他們既不會拿刀，也不會衝上前線，他們只會把你帶進情緒的黑洞裡，跟他坐一次刺激的雲霄飛車，然後將點閱量、按讚數和轉發量轉換成廣告，變成人民幣，僅此而已。

他們把自己打扮成為「正義的使者」，深信自己是在做正義的事情，甚至認為那些和自己意見不合的人都是「沒人性」。

他們既做了判定別人罪行的「法官」，又充當了非法人肉搜索、肆意捏造證據、大肆攻擊意見不合者的「執法者」。

他們看似是在審判，實際卻是直接宣判。

他們在缺少確切證據的情況下，根據自己的情緒來宣判。他們根本就不會考慮量刑的標準，更不會在意處罰是否得當。他們只是製造出「我很生氣，我很憤怒，所以某某可恨，甚至該死」的氛圍出來。

結果呢?受害者沒有贏，孩子家長沒有贏，正義也沒有贏，贏的是點閱量和粉絲量都翻了倍的某些人。

換言之，某些人表現出義憤填膺的樣子，看似是在維護正義，其實背後是在維護他們的利益。

這樣做的結果是，惡意被過分渲染，戾氣被大肆傳播，這就讓原本崇高的職業——教師和醫生等，受到不合理的質疑；讓原本高尚的行為——讓座、攙扶老人、救死扶傷等，變成一種負擔。

他們只是將人性的惡意放大了給你看，而你呢，只覺得脊骨發涼，覺得社會變壞了，覺得餘生都不會好了。

所以，請你對所謂的輿論要有一個清醒的認識：那些整天慫恿你去過刀光劍影的生活，指導你要兇狠、刻薄、蠻橫的人，他們自己其實活得風平浪靜，對人客客氣氣。

你可以長刺，但不要扎人。

善良的出發點在於，當自己正面對一個受苦的人時，心裡會咯噔一下：「如果我是他呢？」

比如這樣。

一個女生將打碎的水壺扔進垃圾桶的時候，附帶上了一個顯著的標籤，上面寫的是：「阿姨或大爺，真抱歉有了玻璃碴，您收拾的時候請小心。天涼了，請注意保暖。」

一位在異鄉留學的設計師在回家的路上看見了一位目光呆滯的女生，頭髮蓬亂，站在路邊一動不動，像是寂寞，也像是落魄。設計師怕她想不開，於是上前去，熱情地問了個路。

一位加班到深夜的上班族，在外賣訂單的備註裡寫道：「送餐的先生，我沒那麼著急吃飯，路上務必注意安全。如果超時，可以提前按『已送達』。辛苦了，謝謝。」

生而為人，請務必善良，不要被別人的黑暗同化得不剩一丁點光亮。

＊＊＊

韓國曾發生過這樣一起網路暴力事件。

在首爾的地鐵裡，一名年輕女子帶著一隻寵物狗進了地鐵，這本身是不對的。過分的是，這隻狗在地鐵裡大小便，而年輕女子沒有收拾的打算。當時有乘客指責了這位女子，結果該女子不僅沒有自省，反而還在言語上攻擊了那些指責她的人。地鐵到站之後，女子牽著狗揚長而去。

女子不曾料想的是，有人將整個過程錄了下來，並上傳到了網路上。

不到一個星期，這段影片的點擊量就超過了四千萬次。而這個年輕女子也有了一個糟糕的稱號——「韓國狗女」。

更糟糕的事情在後面。網友除了觀看和轉發影片，還進行了言辭激烈的辱罵。罵完了還覺得不夠解氣，於是又開始了人肉搜索。沒多久，這位年輕女子的真實姓名、家庭住址、公司名稱、個人電話號碼、讀過的學校，甚至是家庭成員的姓名和聯繫方式的資訊都被曝光了。

在隨後的一個多月時間裡，罵她的人越來越多，最初只是罵她，後來擴展到了打電話給她的老闆，給她的爸爸媽媽和姊姊。

最終的結局是：她的老闆迫於輿論壓力炒了她的魷魚，她的爸爸媽媽不堪其擾被迫換了房子，她的姊姊被罵出了憂鬱症，而她，精神出了問題，需要不定期地接受精神治療。

真是百口莫辯時，才知人言可畏！

這女子有沒有錯？當然有。

那她的錯與她最後受到的懲罰，相配嗎？事實上和法律上並不。

她確實討厭，但並不「該死」。

在很多類似的熱門事件中，圍觀者經常會情緒失控，進而選擇了「潑糞式的懲罰」——詛咒、辱罵……就好像誰罵得最惡毒，表達得最激烈，誰就最正義、最善良似的。可實際上根本就是錯覺。

當事人活著，他們會覺得「這種人應該去死」；若當事人真的死了，他們又會覺得「真是便宜他了」。

一個人很紅的時候，你跟著大夥去膜拜他，讚美他。一旦此人被爆出了醜聞，你馬上就將「手捧花」換成了「刺刀」，跟在大部隊裡討伐他，朝他吐口水，往他身上踩幾腳。

吐了口水還不解恨，要上嘴去咬幾口才行；踩了幾腳還不痛快，還要跳起來踩。

在道德上勝券在握的感覺當然很好，但問題是，這很可能會帶來思維上的盲目。

我的建議是，就算你做不到「以德報怨」，也不該「以怨報怨」，因為這樣的話，你在某個瞬間就會變得惡毒，甚至是面目可憎！

每當你想要主持正義時，請務必要認真思考這三個問題：

一、這件事是惡劣，還是噁心？
二、當事人錯了，誰才有資格去審判他？
三、當事人受的懲罰要到哪種程度，你才會滿意？
需要承認的是，每個人都有表達觀點的自由，也有展示個性的權利，但我希望，在發射自己的光芒時，不要吹熄了別人的蠟燭；在維持正義時，不要丟掉公允和良心。
我只是擔心，這個世界會因為某些人的鋒芒畢露而讓正義蒙塵，讓善良失色。
你不能用邪惡的招數去搞定邪惡，就像謬論不能說服另一個謬論。
用錯誤的手段去懲罰做錯事的人，就像是在抱薪救火；用不道德的方式去維護道德，就如同飲鴆止渴。
對待那些確實做錯了事的人，如果你的「恨意」太足了，言談舉止超出了道德乃至法律的範疇，那麼就不再屬於正義，而是變成了另一種禍亂。
你表現得鋒芒畢露，並不是懲惡揚善，而是在懲惡的同時也揚了惡。這種所謂的正義就像是出了鞘的刀，鋒利無比，但常常會誤傷他人。
黑澤明說：「好刀應該在刀鞘裡。」
請時時提醒自己：別和壞人比壞，壞是沒有下限的；別和傻瓜比傻，傻是會傳染的。

有的人一旦錯過，真的要謝天謝地

杏子小姐從南京回到北京的時候，已經是夜裡十點多了。她坐在無人的街頭，給我打了「求救」電話。

她說自己難過得快要死掉了，說時間太難熬，感覺自己像正在被凌遲一樣。她的聲音很沙啞，話像是從喉頭裡擠出來的。她說：「我當眾質問他，我在他心裡到底算什麼，你猜他怎麼說？」

我回答道：「無非是擺著一副古井無波的臉，然後什麼都說不出來。」他還需要說什麼呢？你明明什麼都懂，卻偏要跑去「拚死效忠」。

杏子小姐的這段戀愛開始於大二的下學期。一個長得很帥、說話風趣的學長突然間闖進了她的生活。只是幾次問候，緊接著幾句甜言蜜語，杏子小姐就被攻陷了。

在杏子小姐看來，「那段時間真是甜啊」，學長講的每一句話都像是蘸了蜜，連按過讚的朋友圈都像極了甜甜圈。

沒多久，學長就要去南京實習了。在送別的車站，學長曾深情地對杏子小姐說：「等妳畢業了，我就回來娶妳。」

杏子小姐感動得就差暈過去了，她用力地忍著眼淚，用力地點頭微笑，然後用力地揮手道別……

可讓她始料未及的是，異地不到三個月，學長就有了新歡。這是她後來才知道的。為了讓杏子小姐對自己死心，一個星期不聯繫是常有的事，忘掉生日、節日也成了常態……杏子小姐哪裡會懷疑啊，乖巧的她只是以為「學長太忙了」。

在新歡的步步緊逼之下，學長採取行動了。他在睡覺前給杏子小姐發了一則簡訊，「我們分手吧」，然後就把手機關掉了。

杏子小姐看到簡訊的時候就傻了，她瘋狂地打電話，瘋狂地發簡訊問「為什麼」，她一個人糾纏了一整夜，把所有的可能都想了一遍，把自己所有的毛病都挑了一遍，可對方就是不開機。

等到天快亮了，杏子小姐才絕望地回了一句：「你要分手，我成全你。」

大約是早上八點多，杏子小姐才接到學長的電話。對方的話擲地有聲，像是一位出色的配音演員在唸一段經典臺詞：「那則簡訊是我的室友發給妳的，他們就是想檢驗一下我們感情的韌性。沒想到啊，妳真的同意分手，我對妳真是太失望了。原來感情在妳心裡是這麼脆弱，那，分就分吧！」

看見沒有？有的人不擅長提分手，卻特別擅長逼著你提分手。

杏子小姐再次傻掉了，她慌得就像是找不著媽媽的孩子，一邊苦苦哀求，一邊忍不住嚶嚶地哭。可任憑她怎麼道歉和解釋，學長就是以「我受傷了」為由，不願與其和好。

在自責中，杏子小姐喪氣了好幾天，直到她在學長的微博裡發現了端倪。她看到有個富家女在頻繁地與學長互動，並在富家女的微博裡發現了「他們倆其實早就在一起了」的事實。

杏子小姐這才如夢初醒。她終於明白為什麼學長突然「忙」了，為什麼想方設法地要和自己分手了。可她還是接受不了這個現實——有情人終成了前任，和有錢人成了眷屬。

於是，她衝到了南京，想找那個親口對她說過海誓山盟的人討個說法或者歉意。只可惜，當初有多麼的堅信不疑，現在就有多麼的承受不起。

我勸她：「妳的意中人是個蓋世英雄，但現在變了，變成了蓋世垃圾。妳就當作在垃圾堆旁參了半年的禪吧。」

更尷尬的地方是，對或者錯，兩個人還可以辯論一番，但如果遇到冷漠，你就無計可施了。這就好比說，你翻山越嶺地來到了他的門前，他卻將你拒之門外，如果你一直敲，只會顯得你沒素質。

遇人不淑，放手就是進步。越是苦苦糾纏，就越是罪孽深重。

與品行有問題的人談戀愛，註定只有一個結局：只有好聚，沒有好散。

再多的怦然心動，也抗衡不了謊話連篇的折磨；再大的美好期盼，也抵不住一拖再拖的消耗。

所以，不要再一把鼻涕一把淚地追問「我在你心裡到底算什麼」，真實的情況是，你早就不在他心裡了。

不要再強調自己「付出了那麼多，犧牲了那麼多」，現實生活是，如果你背著過去過日子，那和畫地為牢沒什麼區別。

作家劉瑜曾說過：「尊嚴是和欲望成反比的。」你想得到一個東西，就會變得低三下四，死皮賴臉，而當你對眼前這個人、這件事無動於衷的時候，尊嚴就會在你心中拔地而起。

一輩子那麼長，如果遇見一個人需要花光你所有的好運氣，那真的不如一個人去過好運連連的生活。

這樣的你，會開心，會有錢，會很跩。

來來來，和我一起說：「那個花心大蘿蔔，以後你每一次結婚，我都衷心祝你幸福！」

＊＊＊

分手了該注意什麼？

老詹的回答是，「絕不能藕斷絲連，拖泥帶水」。

老詹是個女漢子，因為喜歡NBA球星雷霸龍·詹姆斯而自稱「老詹」。在一年前，老詹經歷了一場虐心的戀愛。老詹對那個男生的印象是，「愛笑，帥氣，並且對自己很好」。她便以為，這就夠自己去奮不顧身了。

相處了一段時間，老詹意外發現男生其實是有女朋友的，只是異地而已。老詹當時快要氣瘋了。她覺得自己被騙了，她把所有的禮物都撕成了碎片，她把男生所有的聯繫方式都刪了。

她以為自己表現得決絕一點，就會在這場感情的博弈中像個贏家。可結果呢，她在三更半夜哭得都快要變形了。

過了三四天，男生突然出現在她面前，「我其實早就想跟那個人分手了，妳能不能再等等我？」

僅僅一句話，老詹心裡的死灰就復燃了。雖然她清楚，維繫這種關係意味著違背自己的原則、道德和良知，可因為還抱著一丁點希望，老詹選擇了原諒。

就這樣，老詹成了傳說中的「第三者」，在「好了傷疤忘了疼」的比賽中，她是一騎絕塵。

她不敢晒幸福，不敢合影，就連一起看電影都覺得是在做什麼虧心事。她說：「那時的我就像是一條在竹筐裡準備出售的活魚，每逢我快要撐不下去的時候，他就朝我灑一些水，讓我能再多活幾天，然後氣息奄奄地等下去。」

結果呢，老詹在失望的炙烤中周而復始，男生卻在海誓山盟之後一拖再拖。既沒有辦法進一步，又捨不得退一步。

直到半年後，男生才對老詹說了實話：「我不可能跟她分手，對不起，我騙了妳。我本來可以繼續騙下去的，但我不忍心那麼做。我可以給妳補償，除了愛情。」

老詹哭了，然後笑了，平復情緒之後，她冷冷地說：「那我是不是應該感謝你，感謝你沒有繼續騙下去？」

男生用雙手捂著臉，一個勁地道歉。

老詹扔下一句話轉身就走了，「除了提醒你有多噁心，這時候的道歉真的沒什麼用。事實上，唯有你過得不好，才是最有效的道歉」。

為了一個糟糕的戀人，傻一次可以說是「天真無邪」，傻兩次可以算作「情深義重」，傻三次及以上的，只能說是傻到家了。

你一定聽過「朝三暮四」的故事，說不定還笑話過那群猴子太笨了。到手的栗子從來都是七個，只是換了一下套路，這群猴子就被哄得樂滋滋的。

可你不是一樣嗎？他一句簡單的「對不起」，就讓你原諒了他所有的渾蛋事蹟；他一句「我發誓要……」，就使你堅定要跟他到白頭。

你看，你並不比猴子聰明多少。

你給他的愛像極了備胎做出來的咖啡，喝著也還行，倒掉也不覺得可惜；他給你的愛只是為了讓你不要停止愛他，就像是看到自己的寵物跑遠了，他就召喚兩句。

他不能愛你，卻也不放過你，但你要放過你自己。

所以，不要再哀求「我們重新開始吧」，這只會讓你低到塵埃裡，但並不會開出花來。

不要再追問「我究竟做錯了什麼」，當他對你沒有感覺了，縱然你是滿分也不能算及格。

不要再較勁「我究竟哪裡比不上對方」，這只會逼著對方再羞辱你一回。

不要再強調「我們從前是多麼快樂」，他會選擇離去，就是因為現在的快樂比從前的多。

不要盼望「我們做回朋友吧」，請你捫心自問一下，你缺這個讓你難過的朋友嗎？

有人唱：「只要愛對了人，情人節每天都過。」可如果愛錯了人呢？那就是「愚人節每天都過」。

付出過真心，放手的時候難免會覺得難過，但這總好過「他不愛你，還一拖再拖」。

我要提醒你的是，在一段虐心的關係中，如果你會持續上感情的當，不都是因為「敵人狡猾」，還有可能是因為你自己太貪心。

比如，你也曾憤怒地喊出「我真是瞎了眼」，事實上，這是你最接近真相的時候。可惜啊，罵完之後，你還是不信自己瞎了眼。

莎翁的《暴風雨》裡有句特別經典的話：「凡是過往，皆為序章。」

有勇氣去變成某個人的過去式，這才稱得上「長大了」。這樣的你，就不會再對上一段關係耿耿於懷，也不會對下一段感情草木皆兵。

早晚有一天，那個你曾以為「非他不可」的人，終會變成「不過如此」的人。

命運就是這樣來找平的。那些尊重你、守護你的人教會了你溫柔、善良、仁愛和信任，而那些傷害你、辜負你的人讓你明白：這個世界是有瑕疵的。

＊＊＊

被一個人玩弄了感情是什麼感覺呢？

有一個段子寫得很生動：「當你背上長劍、備好糧草，準備要馬不停蹄、一意孤行的時候，突然冒出一個人，他把你抱得緊緊的，然後很認真地對你說，他想和你分享這漫長的一生。你一激動，把劍扔了，把馬烤了，一回頭，人沒了。」

之後的你就像得了失心瘋，就像一個清醒的神經病。

你想要刪掉兩個人的合照，卻看著看著就哭了；你睜開眼的第一個念頭是，「他會在幹什麼」，第二個念頭才是，「啊，我們掰了」。

你連他的朋友一起封鎖，然後又忍不住去關心他的一切；你隔三岔五地提醒自己不要想他，然後隔三岔五地就去看他的動態。

你時而慶幸自己認清了禽獸的真面目，時而又罵自己當初真是瞎了眼；你在白天的時候想方設法地忙忙碌碌，卻又在晚上情不自禁地哭哭啼啼。到末了，你縱然剪了短髮，黑了眼圈，可還是沒法忘掉他。

可問題是，你明明知道自己手裡拿的是檸檬，卻抱怨它「怎麼這麼酸啊」，還要一口接著一口地咬，然後說命運待你輕薄。那能怪誰呢？

失戀是一場獨自的戰鬥，你可以找人傾訴，但終歸要自己承受。

別想跳過失戀這個關卡，直接跳過去就意味著，你那些輾轉反側的夜都白熬了，你那些撕心裂肺的痛都白挨了，你那些倔強又酸澀的眼淚都白流了。

也不要想著用一段新戀情快速地將自己從失戀的坑裡拽出來，可能發生的嚴重後果是，你會快速地掉進另一個坑裡。

你要試著反思和分析，直到你心裡越來越明白「戀情失敗」的諸多原因，直到你越來越接近那個你不願意承認的真相。

反思能讓你明白，沒有什麼不能失去的東西，除非自己還不夠忙；沒有什麼無法擁有的戀人，除非自己還不夠優秀。

你要藉機去做一回披荊斬棘的英雄，而不是等著別人來關心呵護的小朋友。

所以，死掉的愛情，就讓它入土為安吧。

正確的做法是，早睡早起，把注意力放在變可愛、變好看、變有錢上。早睡能避免90％的多愁善感和99％的手賤，而早起能帶來80％的元氣和一半以上的好心情。

當你不再計較，不再自責，不再表演，不再關注，你就會慢慢覺得好一些。沒有了注意力的情緒早晚會消失的，就像不澆水的花自然會死掉。

可能挺一兩個星期，你的心口就沒那麼疼了；可能挺一兩個月，你的工作就開始有起色了；可能挺了半年，你對異性又有了感覺。癒合的過程越緩慢，就康復得越徹底。

而且你會慢慢意識到：有些人能夠遇見，只能算自己倒楣；有些人能夠錯過，真的要謝天謝地。

在感情的大門口，你要時刻準備好「入場的禮儀」和「退場的姿態」。

切記切記，你是單身，不是狗。

每個人都在往前衝，憑什麼你一定領先

一直沉迷於「我還不錯」的感覺中，其實也不會怎樣，就怕突然之間意識到「自己是個廢物」。於是突然間覺得天崩地陷，喪到無地自容。

我曾有過這種感覺。那年二十二歲，大學生活已經所剩無幾了，而我還在為「考研究所還是工作」而糾結著。一天中午，我疲憊地躺在床上看余華的小說，突然聽見了開門聲，是學霸室友回來了。

室友放書包的時候嘆了一口氣，我就問他發生了什麼。他說：「剛才在圖書館，恰巧遇見了外籍教授，就想找他探討幾個問題，可外語表達能力不夠好，導致交流不順暢，問題沒有很好地解決。我好羨慕那些口語表達能力強的人。」

說完他又嘆了一口氣，「感覺和他們的差距好大啊！」

「差距好大」這四個字瞬間給了我當頭一棍，將我那顆安逸的心一通「暴揍」。

學霸室友在我心目中的形象，就像是一座三十層樓高的大廈，頂還不肯封上，還在沒日沒夜地往上蓋。

他早就拿到了某名校的研究生免試推薦資格，他的口語不僅很好，而且還屢次在英文辯論賽上得獎。他整個大學的成績都穩居在院系前二，不論是學業，還是論文發表數量，他都遙遙領先。

此時，最有資格躺在床上玩遊戲、看小說的人是他，但他沒有，而是照常早出晚歸地自習，還為那一點在旁人看來可以忽略不計的「短處」而長吁短嘆。反倒是最應該焦慮的我，卻還「自我感覺良好」。

我當時也不知道哪來的勇氣，居然沒羞沒臊地去安慰這個比我厲害很多倍的人，就像是一個站在山腳的人向站在山頂的人描述遠方的美好。

我對他說：「以你現在的成績，就算不會口語，未來也不會有什麼問題。」

他微笑著說：「也許現在不是問題，但以後肯定會是個大問題。我的經驗是，如果小問題放著不解決，往往會在最關鍵的時候讓自己搞砸了。」

原來，那些優秀得近乎耀眼的人們遵循的原則是——不矯情，不僥倖。

他們有常人難以企及的緊迫感和饑餓感，也有著不用掩飾的求知欲和求勝欲望。所以他們能從普通人裡脫穎而出，能從局限中破繭而出。他們不懈怠，是因為知道有人在追趕；也不僥倖，是因為明白有人在時刻準備著取而代之。

那麼你呢？

還躺在床上祈禱「這次考試的排名提高一些」嗎？或者坐在電腦前幻想「下個月給我漲薪水」嗎？我試過了，真的沒用。

你只有逼自己從床上起來，把習題冊翻開，然後埋頭去學、去背才行；你只有把社交軟體關掉，把飄蕩在外的心思拉回到工作中來才行。

你逼著自己比昨天更優秀一點，你的命才會比去年更好一些。

物體下墜的時候，速度是越來越快的，人墮落的速度也是如此。你今天懶得走了，明天你跑都來不及。

曾有人問村上春樹，「如何保持持久的創作熱情」，村上春樹拿跑步來舉例說明。他說：「今天不想跑，所以才去跑，這才是長距離跑者的思維方式。」

還是同樣的道理。今天不想做習題，所以才要做習題，這是成績領先的人的思維方式；今天不想幹活，所以才要幹活，這是業績出眾的人的思維方式；今天不想努力，所以才要努力，這是優勝者的思維方式。

不主動就會被動，不清醒就會被驚醒。你若不去將勤補拙，就是變相地授人以柄；羊群若是漫不經心，只會讓狼群特別開心。

該拚命的時候，你心存僥倖，一邊偷懶一邊喊，「一切都是最好的安排」；該精進的時候，你心疼自己，一邊幻想一邊叫，「如果事與願違，就相信是另有安排」。

等到別人都從你身邊超過去了，等到你被不近人情的生活兇了一回，你才幡然醒悟：原來，不被安排，也是一種安排。

敢問一句，眾生皆苦，憑什麼你是奶油口味的？

＊＊＊

Z姑娘私訊給我講過一件「糗事」。

那年她剛念高三，父母託關係將她轉到了所謂的重點班。可她的底子不怎麼好，縱然態度端正，學習刻苦，但排名一直上不去。

一次模擬考出了成績，Z姑娘在教室裡失聲痛哭。老師和同學趕緊去安撫她，她一邊淌眼淚一邊說：「我肯定是我們班最蠢的人，所以我無論多麼努力還是考不過大家。你們這群學霸可倒好，說『考砸了』的都能得一百四十分，說『沒發揮好』的都能拿一百三十多分。而我自以為準備得很充分，可也就是在及格線徘徊。」

她擤了一把鼻涕，嘟囔著嘴說：「我天天……天天都熬夜，感覺自己都快要長鬍子了。」一說完她自己忍不住笑了。

一旁的老師則很認真地對她說：「考不過大家很正常啊。班裡的每個人都在往前衝，不是只有妳在竭盡全力。就好比說，你們都在跑四百公尺，誰說盡力去跑就一定能跑到最前面？」

人確實應該上進，應該變好，但如果你盡了全力卻依然沒有變好，那也不能說你犯了什麼不可饒恕的過錯。

借毛姆的話說就是，「我用盡了全力，才過上平凡的一生」。

很多時候，竭盡全力也只能保證你不會落後太多。

多數人的慣性思維和做法是，將自己付出的努力乘以N倍，去要求最好的結果；將自己受的苦與累乘以N倍，去索要最大的補償。

於是，鍛鍊了一個下午，就想要個好看的身材；努力了一個星期，就想要個好看的分數。

對別人好言好語了幾天，就要求對方愛自己一輩子；挑燈夜戰了幾回，就向命運索要一個無限完美的明天。

這都是不合常理的奢求，實際的情況是這樣的——

你去了幾次健身房，並不會擁有模特兒般的身材，那只能讓你在近期有一個不錯的精神狀態，或者安然地躲過一次流感。

你努力工作，並不等於你能取代你的上司變成公司的頂梁柱，那只能讓你在公司的處境相對好過一些，或者在會議室裡多一點發言權。

你獻了幾次殷勤，並不足以擊退情敵們，那只能讓你在此後的競爭中多一點點勝算，或者讓你的男神或女神多回覆你幾次。

你讀了幾年書，並不意味著你比旁人見識高明，那只能讓你在下一次的爭辯時，有主見而不再人云亦云；在下一次的搶購風波時，有獨立的判斷而不是像隻驚弓之鳥。

你背了成千上萬個外語單字，並不能保證讓你成為口才一流的外交官，那只能讓你順利地拿到考試證書，或者翻閱某本專著時，能夠找到自己需要的資料；又或者拿到進口的化妝品時，不會把眼霜抹到臉上。

換言之，身為學生，為了要把成績拚上去，那刻苦學習就是你的職責，有什麼好抱怨的？

身為父母，把孩子養育好，那賺錢養家和操勞就是你的責任，有什麼好顧影自憐的？

身為員工，把工作做完、做好，那是你的任務，有什麼好斤斤計較的？

每個人都在往前衝，憑什麼你一定領先？每個人都在拚命努力，不是只有你受盡委屈。

夢想當然值得拚命，所有美好的東西也當然值得努力，因為只有努力，勝算才能多一點點。但是，你還要做好事與願違的準備，因為美好的事情很有可能永遠都不會發生。

＊＊＊

童話《愛麗絲夢遊仙境》裡有個片段。紅桃皇后拽著愛麗絲一路狂奔，愛麗絲卻發現了不對勁。她大喊道：「怎麼會這樣？我們一直在跑，可還是待在這棵樹底下沒動。」

紅桃皇后傲慢地回答道：「理應如此。」

愛麗絲不解地問：「但是在我們的國度裡，如果你奔跑一段時間的話，你就會到達另一個不同的地方。」

紅桃皇后依然傲慢地解釋道：「妳記住了，妳是在這裡，以妳現在的速度，妳只能停在原地。如果妳想抵達另一個地方，妳必須以雙倍於現在的速度奔跑。」

在這個科技、知識、觀念更新換代愈演愈烈的競爭年代，如果你一動不動，你根本就沒有機會待在原地，而是在以很快的速度倒退，或墮落。

要想留在原地，你必須拚命奔跑。而且，你只有比別人更努力、更有韌性，更懂技巧，你才有可能短暫地領先於隊伍。

多少的獨占鰲頭，背後是懸梁刺股？多少的戰功赫赫，靠的是枕戈待旦？

不論什麼時候，你的前面都有更強的人，你的後面都有追趕者。所以，該學的東西要趁早學，晚了就會壓力重重；該改的毛病要馬上改，久了就會困難重重。

做出改變的最佳時期是意識到「應該改」的時候，而不是「不得不改」的時候。

你總覺得還有時間，而這，就是問題所在。

但換個角度來看。

如果你發現，就算自己不努力、不上進、不費勁，也能輕鬆地待在原地，那麼你就該審視一下你所在的環境——它到底是因為領先了行業很多，所以有資格停下來歇一歇？還是因為它可以拒絕競爭，所以有資格閒庭信步？又或者是因為它其實已經爛了根，所以死氣沉沉？

如果你發現，你整日與一堆破事糾纏，常年都裹挾在「心不甘情不願」的情緒下，一直與「沒有上進心」的人打交道，那麼你就得問一下自己——你到底是貪圖這裡的零壓力，還是因為沒有掙脫的本事？

願事與願違時，你不會整日憤憤不平；願得償所願時，你不必終日惶惶不安。

差不多的人生，其實差很多

曾報讀過一個廚師進修班，班上一共六個人。授課的老師姓秦，四十多歲，平時不怎麼愛笑，眼神夾雜著幾分憂鬱的氣質，若不是穿著一身職業服裝，會誤以為他是位藝術家。

除了日常授課，秦老師還會安排「家庭作業」——回自己家裡做一份醬牛肉。頭兩次，他會給每個人準備好牛肉和配料，牛肉的分量和各種配料的重量都精細到了「克」，換言之，大家只需照著步驟執行就夠了。後幾次，他什麼都沒有提供，也就是說，大家需要自己去選材備料。

結果是，大家頭兩次做出來的醬牛肉都幾近完美，而後來的醬牛肉只能用「難以下嚥」來形容。

秦老師罕見地發火了，他指著其中一盤說：「明明要求煮一個小時，這盤最多就煮了三十分鐘！」又指著另一盤說：「配料明確要求是花椒、大料、桂皮、八角，而這裡沒有花椒，而是用了胡椒！」

底下有人解釋：「當時家裡沒有花椒了，就用胡椒代替了，感覺差不多。」

秦老師提高了音量：「我完全可以對你們的交差行為熟視無睹，因為你們已經交了學費，而且你們將來被老闆辭掉，被新人頂替了，我完全不用負責。但我不能那麼做。」

「因為我是廚師，廚師的辭典裡不應該有『差不多』三個字。」

細想一下，還真是。

授業解惑的事情如果是「差不多」的態度，那教出來的學生還沒畢業就已經失業了；烹製食物如果是「差不多」的態度，那做出來的東西還沒端上桌就已經算是剩菜了。

在很多時候，差不多的含義是，差一點都不行。

一個人對生活、工作、感情的態度越來越差，往往都是從「差不多」開始的。

問工作的進度，你的回答永遠是「差不多了」，問你的旅程安排，你的答案裡永遠有「大概」「可能」「也許」……你輕而易舉就把別人的心繫在桅杆上，再懸起來。

可你別忘了，「差不多」這三個字從你嘴裡蹦出來的瞬間，已經將你的不可靠、不專業暴露無遺。

你用差不多的努力，學差不多的本事，做差不多的工作，愛差不多的人，混著差不多的一生。

問題是，你不是不能得到滿分，而是認為及格就行了。這就意味著，命運不是不能給你高規格的人生，而是你的努力只夠擁有低規格的生活。

「差一點就成功了」等於「失敗了」，「差一點就牽到他的手了」等於「錯過他了」，「差一點就能在一起了」等於「沒機會了」，「差一點就及格了」等於「不及格」……

「差不多」很容易，「一點都不差」卻很難，而這能區分出平庸和卓越。

今天偷一下懶，下個月再拖延一下，那麼你想要的人生和你能擁有的人生將會是天差地別的。所謂的「低等人生」，無非是「無數次降低要求」的總和。

這個地方較真一點，那個問題嚴謹一下，那麼再普通的人生也會大有起色。所謂的「天賦異稟」，實際是「無數次銳意進取」的疊加。

怕就怕，曾經說「『八』字沒有一撇」的事情，現在變成了「門兒都沒有」的事情。

我想說的是，每個年紀都有每個年紀對應重要的事情，每一件事都需要你腳踏實地去落實，無一例外，也無人能倖免。學生時代就做好學習，戀愛季節就真心待人，職場歲月就盡心盡責。你要明白自己當前的首要任務是什麼，然後做好它。這樣的話，你才有可能在下一個年紀裡隨心所欲，在更高的層次裡如魚得水。

所以，即使有人告訴你，用六分努力就能蒙混過關，你也得做足十二分的準備，而不是在僅有兩三成準備的時候，就僥倖地賭上一把。

所謂的高枕無憂，其實都是準備充分。

你與別人擁有一個差不多長度的人生，因為別人用心，而你馬虎，所以到了最後檢驗成果的時候，別人功成名就、得償所願，而你除了耗光這一生之外，一無所獲。

所以，不要再輕信「如果事與願違，一定是另有安排」這樣寬心的話了，你該警醒一點，如果事與願違，就要反思，一定是自己有什麼地方沒做好。

好擔心有一天，你照鏡子的時候會對自己說：「你長大了，也被毀得差不多了。」

＊＊＊

老師逮住了三個蹺課的男生，對他們講了一番大道理，然後責令他們回去寫檢討報告。說完之後，讓其中兩個離開了，唯有Y留了下來。

老師對Y說：「你的檢討必須寫夠八百字，並且回去讓你的家長簽字。」

Y不解地問：「都是一樣蹺課，為什麼他們不用簽字啊？」

老師說：「看似是一樣，一樣的年紀，一樣的倒數幾名，一樣在鬼混，但其實你們差很多。他們倆不務正業、不認真學習，他們的父母可以供養他們一輩子。你可以嗎？你父母五年的收入加起來都不如他們家一個月的收入。你憑什麼跟他們一樣？」

差不多的另一層含義是，你們其實完全不同。

現實經常是這樣的，很多時候、很多事情，就是別人可以，你不可以。

比如，你們都在差不多的學習環境裡，度過差不多漫長的學期，但你需要靠拔尖的成績才能擠進重點班，而他靠父母的關係輕鬆就可以實現。所以他平時可以蹺課、可以不寫作業，而你不可以。

比如，你們都在差不多的職位上，做差不多的工作內容，但你需要靠埋頭苦幹才能保住飯碗、加薪升職，而他只需憑「後臺操作」就可以實現。所以他可以無所事事、可以馬虎，而你不可以。

又比如，你們都在差不多的年紀裡，用著差不多的社交軟體。但你需要靠自己去繳房租水電，去買房買車，而他一動不動也能衣食無憂，所以他可以整日優哉遊哉，可以虛度時光，而你不可以。

看似是差不多，其實根本就沒有可比性。這就好比說，你和大雄都差不多笨、懶，但你沒有哆啦A夢。

任何年紀，不公平都會以各種各樣的形式出現，你要做的是接受它的堅硬、刻薄和不圓融。

但不公平本身會有一股暗黑能量，它和妒忌、不甘心一樣，會促使你加倍努力。而努力的意義就在於，你能最大限度地糾正已經傾斜了的命運。

當你透過努力跟別人透過關係的結果是一樣的：去了同一個班級，上了同一所大學，進了同一家公司，做著同樣的工作……就是這個不公平的世界對你的讓步。

你不用逼著自己去接受「不公平」，你只需堅定底線：不為所謂的捷徑搖旗吶喊。

你不必裝出一副「我喜歡努力」的樣子，你只需明白：不論累與不累，自己都無路可退。

你不用勉強自己去讚美困難，而是要相信：所有被千夫所指的困難，都是為了淘汰懦夫。

在一個團體裡，看到好事落在別人身上，先不要急著憤怒地退出，或者自卑地隱身，命運不會因為你喊的嗓門大就對你公平一點，也不會因為你沮喪而待你溫柔一些。

你要主動去搞清楚，別人除了靠關係還有什麼優點，然後弄清楚「可以從哪些方面學習他」，最後再試試看「在哪些方面可以超過他」……經歷了幾次這樣的自我升級，你才有資格和別人同台競技。

一遇到不公平就呼天搶地的人，不是太弱，就是太懶，看似是明辨是非，其實是一事無成。

換言之，「動口不動手」的不見得都是君子，還有可能是只會抱怨卻好吃懶做的懦夫。

殘酷的現實是，吃了「苦中苦」，不確定能否成為「人上人」，但可以確定的是，縱然你不想成為人上人，這人間的疾苦也不會繞著你走。是的，認輸沒用，你得反擊。人們總說「時間能改變一切」，但其實是靠你自己去改變的。

畢竟，命運不會同情你，它只會托著下巴、眼睜睜地看著你——看你提著大大小小的竹籃子，去時光的河裡打水。

＊＊＊

西方有句諺語，「沒有一滴水，會覺得是自己引爆了山洪」。類似的還有「沒有一片雪花，會認為是自己造成了雪崩」。其實都是一個意思，就是忽略了當下對整個人生、細節對最終結果的重要性。

我要提醒你的是，時間不會美化結局，它只負責見證：看你由一個小迷糊變成一個老迷糊，看你的人生因為一點點細微的陋習變成一個無法修復的bug。

你和別人都差不多，都希望瘦一點。於是你的圖像上寫的是「不瘦十公斤不換圖像」。然而，你一用就是好幾年。其間逢人就說，「我是易胖體質，喝水都長肉，煩死了」。可事實呢，你根本就不是喝水長肉的「易胖體質」，而是吃完一堆東西，掉頭就忘了，於是誤以為只是喝了幾口水的「健忘體質」。

你和別人都差不多，都希望能夠有所改變。於是別人簡單地寫了「克制」兩個字就消失了，直到有人告訴你，他上了北大清華。而你呢，你在新年或生日的時候列出一大堆的計畫和願望……然而，僅僅過了三四天，來勢洶洶的努力激情，又都「去」勢洶洶地冷卻了；準備洗心革面的新的一年，又頑固不化地變得和去年一樣了。

類似的「勵志日常」還有很多。

「總有一天，我會擁有夢寐以求的身材和肌膚，可是，我要先把這盤麻辣小龍蝦吃完。」

「總有一天，我會作息規律，每天都神清氣爽，可是，我要先把這個劇追完再睡。」

「總有一天，我會參加一次馬拉松比賽，可是，我的智慧手錶還沒買，所以今天先不跑了。」

「總有一天，我會賺大錢，可是，我要先打完這把遊戲。」

……

原來，你所謂的「新年新氣象」，只是「新年一嚷嚷」；你所謂的「長大了一歲」，僅僅意味著「衰老了一些」；你所謂的「總有一天」，就是變相地告訴大家，「我永遠不會」。

說來說去都是一些只要你堅持住就有很高機率實現的事情。能有多難呢？畢竟你所要面對的困難不是攻陷一座城池。

多數人的決心都是間歇性的，或是時過境遷就忘掉了，或是有求不應就放棄了。正是因為大多數人是做不到堅持的，所以讓那些堅持下來的人，白白「撿」了大便宜。

「堅持」有點像「熬夜」。所謂「熬夜」，就是把別人都熬睡了；所謂「堅持」，就是等別人的耐心都耗光。

二者的不同之處是「結局」：那些熬得有滋有味的夜晚，終究是要拿頭昏腦漲的早上來償還；而那些日積月累的堅持，早晚會變成別人的望塵莫及。

人生是道選擇題。具體一點說就是：假設你是一隻蚌，你是願意含著一粒沙子，有痛楚卻有盼頭地活著，還是願意可有可無，同時也沒有希望地活著？

拜託拜託，別再讓你的年初計畫，變成了年終的笑話。

知道得越少，越容易固執己見

有一次朋友聚會，到夜裡兩點多才結束。一上計程車，司機就跟我吐槽，大意是說，剛剛載了一位年輕的女乘客，是金融科系的大學生，居然只拿一千七百元人民幣的死薪水，還經常需要加班到大半夜，而且公司連交通費都不給報銷。

司機說完嘆了一口氣：「唉，不是我瞧不起現在的大學生，你看我，就國中學歷，現在一個月輕輕鬆鬆七八千人民幣。」

我說：「可能她是實習期，將來……」

司機打斷了我，說：「這孩子肯定是讀書讀傻了，一點兒真本事都沒有，看來上大學也沒有什麼用！」

我說：「可能性有很多，也許是她那個行業需要入職後在基層打磨一陣子，也許她是去了一家很厲害的公司，純粹是為了學習東西，也許……」

沒等我說完，司機再次打斷了我：「我看不像，那姑娘說她是西部山區來的，肯定是家裡困難。」

我問：「你去過西部山區？」

他搖了搖頭：「誰敢去那裡？那邊多苦啊。電視裡都報導了，說那邊上學都是步行，幾十公里啊！家庭條件好一點的就騎馬，去學校上課也是學摔跤、騎馬、射箭之類的，她能考上大學，估計是政策優待吧……」

我沒再往下接話，看他一本正經的樣子，如果不是我內心堅定的話，我甚至會覺得自己的前半生都白活了。

這倒也印證了一個道理：信奉讀書無用論的人，基本上都不怎麼讀書；自認為見多識廣的人，往往都沒什麼見識。

我們身邊經常會出現這樣的人，他們擅長對別人的選擇評頭論足，其言之鑿鑿的樣子就像是掌握了人間至理。

他們最喜歡說的是「我肯定」「沒有不是的」「絕對不可能」「就是這樣的」和不計其數的「你不懂」，以及沒完沒了的「你說的是錯的」……

他們最喜歡做的事情是搖頭、嘆氣、翻白眼，以及無數次不分場合地打斷別人說話。

有個好看的女孩在他面前叨咕了兩句生活的不如意，他就當真了，覺得別人天天是在BMW車裡哭泣。

沒弄清楚一款優秀軟體怎麼用，他就開始抱怨：「一點兒都不懂人性，這公司早晚要倒閉。」

和上司聊了兩句話，他就開始犯嘀咕：「沒覺得這人怎麼高明啊，是走了狗屎運才上位的吧？」

他從來不會反思一下——

如果別人的富足生活真的有那麼的難過，為什麼大家都在羨慕？

如果一家企業真的那麼無能，為什麼能夠成為行業巨頭？

如果上司真有你想像得那麼白痴，為什麼待在那個位置的不是別人？

因為缺少這樣的反思，他就會產生一種錯覺：「對方其實過得不怎麼樣」或「對方好像沒什麼了不起的」……久而久之，他就會在不知不覺中變得固執，會對周圍的一切採取居高臨下的姿態。

結果呢，當你幽默的時候，他覺得你是傻子；當你自嘲的時候，他覺得你是傻子；當你認真表達意見的時候，他依然覺得你是傻子。

並且，你所有的優勢，你所有努力爭取的東西，在他看來都沒有什麼用。

「你懂那麼多有什麼用？」「你學歷高有什麼用？」「你嫁得好有什麼用？」「你長得好看有什麼用？」「你那麼瘦有什麼用？」「你賺那麼多錢有什麼用？」「你買了學區住宅有什麼用？」「你婚禮弄得那麼大場面有什麼用？」

就像是在說：你厲害，可我就是不服氣，你能把我怎麼樣？

大概是因為，他無法在現實中獲得足夠的優勢，所以只好在氣勢上立於不敗之地。

是的，不屑一顧顯然要比迎頭趕上難得多，輕蔑顯然比崇拜要有檔次得多，提出反對意見顯然要比附和顯得高明得多。

碰見這樣的人，最好的態度是：微笑著閉嘴，用心去做事。因為不論你是不動聲色地糾正，還是拿著擴音喇叭糾正，對他而言都是無濟於事的。

千萬不要跟他辯個沒完，更不要去爭個輸贏。結果往往是，爭得面紅耳赤卻毫無結果，氣得捶胸頓足卻徒勞無功。

記住了：謠言止於智者，偏見止於「呵呵」。

＊＊＊

一位做餐飲的朋友在飯局上講過這樣一個故事。

主角是他鄰店的老闆，經營一家港式火鍋店。因其環保意識比較強，所以在火鍋店開業之前，特意從香港訂製了一套油煙淨化系統。要知道，當地很多飯店為了節省成本，往往是將油煙直接排進下水道裡。

可讓這位老闆始料未及的是：這套價值十幾萬元的淨化系統遭到了周邊居民的強烈反對，因為它「長」得太嚇人了——出氣口的直徑足足有一人高，而整個淨化系統的高度足有兩層樓，再加上外面塗著黑色油漆，遠看就像是駭人的戰爭武器。

謠言開始蔓延開來，「這麼大的排煙機，汙染肯定非常嚴重」「看著就嚇人」「噪音估計也很大，以後可怎麼睡覺」……

為了打消大家的顧慮，老闆連續做了一個星期的宣傳，他逢人就解釋這套系統的種種好處：不僅沒有噪音和汙染物，而且能夠有效地降低汙染，並且絕對安全。

可任憑老闆如何誠懇地講解，任憑老闆擺出多麼科學的證據，周圍的人依然堅定地認為：「這東西一定會有噪音，一定會產生汙染，一定會危害大家的安全。」

事情一度惡化到有人夜裡朝排煙機裡扔石頭，還有人甚至在火鍋店門前拉起了橫幅，上面寫著「人人生而平等，請不要拿別人的生命開玩笑」。

最終，本著「和氣生財」的原則，老闆無奈地將這套系統當廢鐵賣了，扣掉之前的運費和拆裝費用，就剩七百多元人民幣。據說拿到這筆錢的時候，老闆笑得前仰後合。

其實，世上的怪事和怪物並不多，多的是少見多怪的人。「少見」與「多怪」往往是因果關係，歸根究柢還是見識太少。

這種因為見識不夠而固執己見的戲碼在歷史上曾多次上演。

幾百年前，托勒密大聲宣布，「地球是宇宙的中心」。

一百多年前，銀行家信誓旦旦地說，「汽車只不過是個新鮮玩具，根本替代不了馬車」。

半個世紀之前，電晶體的發明者堅定地認為，「人類永遠到不了月球」。幾十年前，傳統的大型電腦設備供應商很認真地說，「人們沒有理由把電腦搬回自己家裡」。

你看，歷史確實教會了人類很多教訓，其中最著名的一則是：沒有人會吸取教訓。

比如，看到馬有四條腿、豬有四條腿、狗有四條腿，在沒有見到雞或者大鵝的時候，有人就敢斷定：雞有四條腿、大鵝有四條腿。

今天看見了一隻白天鵝，明天又看見了另一隻白天鵝，於是就下結論：天底下所有的天鵝都是白色的。

看到有人每天吸三盒菸，活到了一百歲，於是有人得出結論：「壽命的長短其實跟吸不吸菸沒什麼關係。」

談了幾次戀愛，都被男生甩了，於是就四處宣布，「天底下的男人沒一個好東西」；被某個貪享物質的女人傷到了，就開始喊，「天底下的女人都一樣的愛慕虛榮」。

聽說了幾個關於貪官和奸商的新聞，就得出了「無官不貪、無商不奸」的結論；遭遇了一次不公平的待遇，就得出了「做什麼都得靠關係」的結論；看了幾則關於富二代的報導，就得出了「富二代都是靠爸族」的結論……

因為見識少，所以「沒有見過」就認為「它不存在」，所以「我見過這樣的」就代表「都是這樣的」。

嗯，不假思索無疑是最省力氣的活法。

遇到這樣的人，你肯定會覺得莫名其妙，覺得這種人是個笨蛋，但也許並不是這樣。他啊，只是有著強烈參與討論的願望，卻沒有參與討論的能力罷了。

原諒他們，寬恕他們，盡量不要回應他們。要知道，有時候你也是他們。

＊＊＊

有人天生就有一雙「發現美」的眼睛，所以他們成了生活的藝術家——過得盡興，而不是慶幸。

有的人則天生就有一雙「發現醜」的眼睛，所以他們成了生活的陰謀論者——毫無根據地胡亂猜忌，充滿偏見地評頭論足。

前陣子，老胡突然退出了一個小學同學微信群，作為群主，我私訊問了原因。

原來，群裡有幾個人將他升任公司主管的原因歸結於「嘴甜」「後臺硬」「運氣好」……他實在是看不下去了。

我理解老胡的不爽，因為他確實是吃過苦的人。除夕夜他還在公司裡加班，一碗泡麵配兩根香腸就算是過了年；行銷方案得重寫，他就得連續熬幾個通宵，熬到滿眼血絲那是常有的事……

老胡說：「我相信努力，也只有努力了，我的心裡才能安穩一些，會覺得這一天沒有白過。我只是比任何人都拚命工作，一步一步才走到今天的。他們憑什麼那麼輕易地抹掉我的努力？」

我安慰他說：「大概是因為，他們滿腦子是捷徑，平時張嘴閉嘴都是人脈，遇到挫折就怨天恨地，所以他們肯定理解不了『僅憑努力也可以成功』的。」

越是沒有能力去改變自己生活的人，就越喜歡對別人的改變評頭論足。

一個人最大的惡意，就是把自己的理解強加於別人，把所有的結果理所當然用自己的臆想來解釋，並一直堅信自己是對的。

這樣做的結果是：自己懶，卻說路太難；自己笨，卻笑刀太鈍。

總結來說就是，在跪著的人眼裡，站著的人都是異類，就像在籠子裡長大的小鳥，會以為飛翔是一種病。

其實，哪有什麼好運氣，哪有什麼大器晚成，不過都是苦盡甘來。

很多人以為的「好運氣」有時候就像是一大包從天而降的垃圾，不偏不倚地擊中某個人的腦門。

沒有準備的人只會懊惱：「哪個渾蛋這麼沒素質？」而那些有實力、有韌性、有準備的人則會微微一笑，默念一句：「終於等到你，還好我沒放棄。」

在二〇一二年的北大畢業典禮上，著名媒體人盧新甯曾說道：「我唯一的害怕，是你們已經不相信了——不相信規則能戰勝潛規則，不相信學術不等於權術，不相信風骨遠勝於媚骨。」

為什麼不相信，是因為當下的時代裡，「追求階級的越來越多，追求真理的越來越少；講待遇的越來越多，講理想的越來越少」，所以她大聲疾呼：「在這個懷疑的時代，我們依然需要信仰。」

要信仰什麼呢？信仰努力而不是運氣，信仰尊嚴而不是嘴甜，信仰本事而不是關係。

這時候，對於這些活得不幸福、從來沒成功過的人，應該允許他們強調這個世界上不存在幸福和成功這樣的東西，因為這種偏見會讓他們失敗的人生顯得更輕鬆一些，遺憾更少一些。

可你要明白，自欺並沒有改變處境，只是麻痹了自己。

這個世界雖然不夠純淨，但還遠遠不能埋沒那些真正才華橫溢的人。

所以，我希望你還能認真，還能讚美，還相信努力，因為腦袋裡的見識、格局、教養和苦練出來的本事是任憑命運敲骨吸髓也剝奪不了的。

如此一來，就算是哪天掉進了人生的坑裡，腦子裡的東西和手上的本事也能救你脫身。只有那些手上空空、腦袋空空的人才喜歡用手指頭和舌頭去和全世界開戰。

＊＊＊

由魯爾夫．杜伯里所著的《思考的藝術》一書中講了一個有趣的故事。

一位頭戴紅帽子的男人，每天早上九點鐘左右出現在廣場上，然後瘋狂地揮動他的紅帽子。持續大約五分鐘，然後他就消失了。

有一次，一位員警前去問他：「你為什麼要這麼做？」

男人說：「我在驅趕長頸鹿。」

員警說：「我們這裡沒有長頸鹿。」

男人堅定地說：「對啊，就是因為我，所以沒有長頸鹿的。」

人一旦有了一個自認為正確合理的目的，就會替自己的行為辯解，就會覺得自己做什麼都是對的，根本就意識不到自己的言談舉止有多可笑和愚蠢。

比如，因為自己喜歡的明星藝人缺席了某次晚會，就會有人去人肉搜索並咒罵晚會導演；因為富人沒有按照自己希望的方式去捐款，就會有人在災難之後去逼捐……

現實中這樣的人更常見。

工作中做出好成績了，他就會覺得都是自己的功勞，出問題了，原因都是別人的。

感情出了問題，他解釋幾句就是「為了化解矛盾」，別人解釋幾句就是「純屬沒事找事」。

別人考砸了，他覺得是因為別人笨，自己考砸了，卻說是因為天氣太熱了。遊戲贏了，他覺得「老子天下無敵」，遊戲輸了，他就開始喊「真是一群豬隊友」。

真是替你擔心，當有一天你決定靜下心來和自己和睦相處的時候，你卻突然發現，原來自己是那麼的不好相處。

其實，「感覺錯了」並不可恥。畢竟，沒人能知道一切，沒人能搞定所有問題。說一句「我不知道」沒什麼丟人的，承認一句「是我的責任」不會沒了身價。就怕不懂裝懂，然後習慣性地把固執當個性，把堅持觀點當成捍衛尊嚴。

每個人都像是井底之蛙。不同的是，有的井口大，有的井口小，有的井深，有的井淺。但井底之蛙最可悲的地方不在於井的深淺和井口的大小，而在於你這隻蛙根本就不想跳出那口井。不論別人怎麼描繪外面世界的多彩和多姿，你只會「堅守」在井底，一邊畫地為牢，一邊將「固執己見」當成「堅持己見」。

我的建議是，先打開門，再走出去，然後睜開眼，等看清楚了，最後才是張開嘴！

你的眼界打得越開，就越知道世界有多廣闊；你的知識儲備得越多，就越知道自己有多淺薄。

怕就怕，在變成一個才高八斗、滿腹經綸的不可愛大人之前，你早早就擁有了一副「愁」高八斗、滿腹痙攣的迷人模樣！

小人不對我笑，心裡格外踏實

很多人是被咬了，才知道身邊有蟲子。

深夜裡寫稿，突然收到一則微信，是嘉小姐。

她說：「這個世界真的很渾蛋。埋頭苦幹的人反倒被批評，就像個白痴，而謊話連篇的人卻一本正經，就像個君子。」一打聽才知道，她這是在公司裡吃了暗虧，正準備發發牢騷。

嘉小姐在一家影音串流網站當內容主管，和她共事的是一位男士，暫且稱他為R先生。

剛來公司報到時，正是R先生帶她熟悉工作環境和工作內容的，因此嘉小姐一直視R先生為前輩。

平日裡工作交接，R先生也表現得很隨和，見面打的招呼、私下聊天時的笑臉都讓人覺得暖和。

可就在昨天上午，老闆當眾給R先生發了一個大紅包，以示嘉獎他最近的突出表現，而做同一專案的嘉小姐則是被老闆黑著臉「請」進了辦公室。

一頭霧水的嘉小姐很忐忑，隨後的談話內容則讓嘉小姐近乎崩潰。透過老闆的批評得知，本是合作完成的專案，成果卻被R先生給獨吞了。

更過分的是，但凡是某段影片的點擊量很高，R先生就邀功說是他的勤勞與遠見；而一旦看見影片內容有瑕疵，R先生就將責任全都推給了嘉小姐。

結果是，老闆嚴厲地批評嘉小姐「工作沒有上進心」「做什麼都不仔細」，同時還再三強調，「要多向R先生學習」。

嘉小姐在微信裡對我說：「怎麼會有這種人？當我拚死拚活地在前線戰鬥時，他居然在後面朝我放黑槍。為了達到讓老闆重視的目的，他不惜踩著我往上爬！」

我對她說：「一個看似成功的自私小人，身邊一定有一些甘於奉獻的老好人。比如妳這樣的——既好欺負，又好哄，同時勤奮上進，而且道德標準還很高。對於他來說，像妳這樣的人越多，他活得就越好。」

她又問：「那我該怎麼對付他呢？」

我的回答是，「莫與小人為仇，小人自有對頭。妳的征途是星辰大海，何必糾纏於這半畝方塘？」

正所謂，欲成大樹，莫與草爭；將軍有劍，不斬蒼蠅。

小人最大的能耐，就是毀掉你對世界的好感，毀掉你的原則、底線和格局，然後讓你相信，只有和他那樣做小人才是人間正道。

所以，為數不多、能夠戰勝小人的對策是：不要生氣，暗自努力，攢夠本事，然後甩開他。

小人敢惹你，說明他已經掂量了你當前的實力，認定了你暫時傷害不到他。更重要的是，你的時間和精力都放在正事上，而他卻可以一門心思地對付你，那你肯定鬥不過他，畢竟「術業有專攻」。

所以，你先要做好「敵不過小人」的心理準備，同時也要做好「長期與小人相處」的打算。

你只需對他們微笑，保持客氣，然後做一個「看起來毫不知情」的知情人，讓他們意識到「這個人是無害的」。

個人意見是，在小人面前表裡不一算不上虛偽，而是徹底擺脫他們的必由之路。

再說了，這年頭，誰不是帶著一箱子的面具走江湖？

＊＊＊

知乎上有個匿名發表的貼文，大意是說，室友去洗澡，把手機交給這位發文者看管。結果他「無意」間翻看了室友的手機記事，然後「意外」地發現了一個驚天的祕密

——室友在數年前曾被人強姦過。

自此以後，他就覺得室友很髒，甚至瞧不起室友。於是就發文提問：「該怎麼克服這種心理？」

獲讚最多的回答是這樣的：「你的室友將一個藏了無數祕密的手機交給你看管，表明她對你極大的信任。你既沒有對自己偷看手機的行為感到抱歉，反倒還覺得別人噁心。真的，但凡還有一些人性的人，只會假裝這件事從來沒有發生過。至於你問『怎麼克服噁心』，恕我作為一個人類，無法理解禽獸的想法！」

人類最擅長的事情，不只是發明和使用工具，還有「原諒自己」。因為人總會為自己的行為辯解，並且在不自覺中使其合理化。

結果呢，縱然是做了違背道德良知的事，也不覺得錯，反倒覺得很應該，甚至還把自己當受害者。

能演聊齋的人，就別去裝小白兔了。

人與人相處，最重要的莫過於人品。

做錯了事，首先要準備為自己的錯誤付出代價，而不是想著怎麼讓自己心安。別人能原諒你，那是別人大度；別人不能原諒你，那也無可厚非。你不能因為「我都道歉了」就理所應當地要求寬恕。

欠了錢，就應該想方設法地按時如約償還，而不是借的時候堆滿笑臉，借完之後裝作忘了。別人借錢給你是支持你，不催債是信任你，而按時還錢是誠信，你不能拿別人的支持與信任來為自己的失信買單。

羡慕誰，就向他學習，努力向他看齊，而不是陷害或者詆毀他。詆毀、拆臺、鄙視並不會讓你的本事長上去，你的邏輯思維不過是，「既然我混得不好，那我也不想讓你好過」。

沒有本事可以日日精進，沒有學歷可以寒窗苦讀，沒有容貌可以改頭換面，但如果心眼壞了，是真的沒法治。

人品差，再細嫩的肌膚也蓋不住骨子裡的邪惡，再名貴的香水也掩不住靈魂散發出來的惡臭，再多的智慧也藏不住思想上的骯髒，再華麗的服飾也遮不住內心的齷齪。

人品差，就意味著他有重大的人格缺陷。不論是和他做朋友、共事，還是戀愛、結婚，早晚會被他坑得很慘。

所以，適時地示弱、忍讓，在氣勢上退避三舍是很有必要的。

誠如韓劇《付岩洞復仇者們》裡說的那句不文雅但很真實的話，「一坨大便，所有人都躲著它，於是它就以為自己很了不起，其實別人只是怕臭而已」。

如果你想弄清楚這種人的心思，你一定要天天鍛鍊身體，吃齋念佛，參禪打坐，以求長命百歲。要是不努力活得久一些，是很難參透的。

＊＊＊

總有人提醒我們，「三人行，必有我師」，可當你帶著學習的態度，試圖去瞭解那些你真心討厭的人時，你只會覺得「他們絕對是越看越討厭」。

所以我的結論是，所謂的「三人行，必有我師」，不見得非要從這些人身上找出亮點，然後逼著自己去喜歡他們。

不只是這樣的。「三人行，必有我師」還有一層含義是：心裡明白他們的煩人之處，然後盡可能地別像他們那樣煩人。

小人是怎麼使壞的呢？常見的有以下這些。

一是鑽漏洞。有好處就撈，有難處就逃，有責任就推。

二是見風轉舵。在上司面前能做到陽奉陰違，以顯得自己忠心耿耿；見了同事就心口不一，並伺機挖坑釣魚；見了下屬就耀武揚威，讓自己顯得高人一等。

三是用否定別人的方式來提升自己的存在感，並認為這是個人價值。

四是無風能掀起三尺浪，然後看別人倒楣或出糗，並以此為快樂之源。

小人的招數很多，這也意味著小人難防難躲。你能輕易地躲開一頭大象，卻躲不了蒼蠅。

所以你要做的是，接受「小人」這個物種必然會存在的事實，同時也要盡量避免被他傷害到。

我的建議是，為了多活兩年，你要學著饒恕。饒恕其實就是變相地放過自己，誠如王爾德所言，「你不能為了報復誰，而總是在懷裡養一條毒蛇；也不能為了防著誰，而夜夜起身，在靈魂的園子裡栽種荊棘。」

值得注意的是，小人不等於飯桶。事實上，小人不僅有著過人的情商，能讓大多數人看不出他是小人，而且還有很厲害的本事，甚至遠超過你現有的程度。這就意味著，對付小人常常是一場「一對一」的艱苦戰鬥。

如果暫時無法擺脫他，就在心理上與他保持幾億光年的距離吧。

他若是誇你，你大可不必太當一回事。他用幾句話將你捧得很高，但是從幾萬公尺摔下來的時候，他才不會接住你。

他若是要給你好處，你切記不能貪心。一旦你無功受了祿，就會被他捆住。他此時能給你太平天下，彼時也能讓你不見天日。

同樣重要的還有，不要想著去「罵」醒一個人。如果你跟他較真，他甚至會覺得你才是小人。也不要費力氣去與討厭的人製造友誼。任何關係的底線是，不要把自己搞得太累。

最好不過是，大路朝天，各走一邊。

讓一個人改頭換面的難度，不亞於向一隻蝦蛄解釋「莎士比亞是誰」。

張愛玲說：「道不同不相為謀，你討厭我，我也未必喜歡你。各走各的豈不是更瀟灑？何必咄咄逼人，費了口舌也討人嫌。你閒得慌，我可沒空陪你。」

共勉。

人生不如意，十有八九是自找的

豆子又把老闆「炒」了，如果我沒記錯的話，這應該是他畢業三年來「炒」掉的第七個老闆。

和前幾次的辭職理由差不多，無非是「這個老闆有眼無珠，私心太重」「那個同事勾心鬥角，充滿偏見」「自己不願意留在這裡同流合汙，辭職是為了獨善其身」……

豆子是我的老鄉，很清高，也確實有清高的本錢。七年前，他以總分全市第二的成績考進一流大學。在很多孩子眼裡，他是榜樣，在很多家長眼裡，他前途無量。

然而，一進大學校門，那個崇尚努力、凡事認真對待的豆子突然就消失了，他的想法發生了一百八十度的急轉彎，他開始覺得「生活是拿來享受的，青春是用來浪費的」。

他不再關心成績，不在乎排名，不參與社交，也不再相信「書中自有黃金屋」，而是沒日沒夜地埋在電腦前，追著沒完沒了的網劇，玩著可以無限續命的遊戲。總結來說，他大學的生存狀態是「活著就行，混一天算一天」，對學業的態度是「及格就行，多一分都是浪費」。

就這樣，過了四年「拿錢混日子」的校園生活，等著豆子的是「拿日子混錢」的社會生活。

畢業之初，他覺得自己很有骨氣，所以看不起別人的媚俗和討好；他認為自己的格局遠大於其他人，所以就算是被應徵的公司拒絕了，被老闆辭退了，他得到的不是經驗教訓，而是不屑。

當面試官問他大學學會了什麼時，他的實際情況是「學會了上網和自拍」，若是追問他有什麼特長時，他能說的恐怕只有「熬夜是一把好手」。

尼采說：「但凡不能殺死你的，都會使你更強大。」但現實中更常見的是：但凡不能殺死你的，會接二連三地來殺你。

所以老闆看完他交差式的文案之後，就開始懷疑他的學歷了；所以同期參加實習的幾個人裡，只有他是被通知離開的那位。

他也想過要改變，可他的改變著力點放在了改變環境上。他轉行學過電工，後來發現沒興趣就放棄了；後來花很高的學費去學網路工程，卻只學到了一點點皮毛；再後來做倉管，因為不細心而被辭退……

我想說的是，你一點兒嶄露頭角的跡象都沒有，又憑什麼要求別人有眼光？

你責怪完了環境，又去責怪命運，卻偏偏不肯承認：你如今的不如意，主要是因為自己懶惰了，一遇到困難就跪下了。

很多人都有類似錯覺：以為只要換換環境，自己的人生就會有起色。

上學的時候，發現同學們都不怎麼好相處，你首先想到的解決方案是「換個班」。從來沒有反思一下自己的交際能力、學習能力，或者自己待人接物的方式會不會有什麼問題。

戀愛的時候，稍有不滿就覺得是對方不適合自己，第一個蹦出來的想法是「換個人」。從來沒有想過是不是自己的表達能力有問題，或者有什麼地方沒做到位。

工作的時候，被老闆否定了一下，第一個念頭是「換工作」。從來不去想一下，怎麼讓自己的實力更高，或者讓自己更有競爭力。

那結果自然是：山重水複還是無路，柳暗花明又是一劫。

「一遇到困難就跪下」，不僅是你生活不如意的理由，還是你不思進取的避難所，以及假裝清高的遮羞布。

因為「我很懶」，所以「我有理由什麼都做不成」。就好像在說，「只要我勤快了，就能輕鬆甩別人好幾條街，所以就算別人成功了，也沒什麼了不起的」。

這種「懶」表現在生活中就是「事事都不爭不搶、時時都無欲無求」，所以你才會逢人就說，「我不想爭」「我無所謂輸贏」「我不在乎成敗」，而實質卻是：你在用清高的方式來偽裝自己內心的膽怯、思想的懶散和行動的不作為。

你表面的不屑，只是因為你骨子裡不敢；你臉上的無欲無求，對應的是你腦子裡一籌莫展。

你曾對自己的期望是：陽光下像個孩子，單純有趣；風雨裡像個大人，沉著冷靜。結果呢？陽光下像個一臉世故的老人，什麼都不屑去做；風雨裡又像個一臉無知的嬰兒，什麼都不會做。

如果你真的覺得「不爭不搶，自己想要的，都在來的路上」，那我只好對著空氣喊一聲，「你不想要的，也在來的路上」。

＊＊＊

有人在微博裡給我發私訊：「我今年二十六歲，目前還是一事無成，每次談到夢想就會被周圍的人嘲笑。」

從他的描述中可以大致瞭解他的現狀和夢想：物理系畢業，目前在一個小縣城裡當中學老師。結婚兩年，有個半歲的孩子，有房貸但壓力不大。目前的夢想是考上博士，長遠的夢想是去大城市裡定居，最好是能當一名大學教授，做做研究之類的。

他問我：「我的夢想是不是很可笑？」

我說：「怎麼會可笑呢？過了二十四歲還在堅持夢想的人，就已經是半個英雄了。」

他說：「英雄不敢當，堅持也談不上。想深造甚至攻讀博士卻根本抽不出時間，在學校要備課，回家要帶孩子……想去大城市裡定居卻沒有那個經濟基礎，一間房子幾百萬人民幣呢！當大學教授更難，要有多硬實的關係才進得去……」

我說：「那就擠時間準備呀，按照你的規劃一步步來，不試試怎麼知道行不行？」

他回答說：「你的這些大道理我都懂，奈何現實裡寸步難行。」

我問：「所以，實際上你什麼都沒做？」

他沒有再回覆我了。我這才明白，他不是來跟我探討人生的，僅僅只是想要抱怨討拍一下，以期讓生活沒有那麼難過。

我突然意識到，那些嘲笑他的人，嘲笑的根本就不是他的夢想，而是他高調公布夢想之後的不作為。

這就好比是，你發誓要在三天之內登上「跳一跳」遊戲的榜首。然後，你既沒有費心思學習技巧，也沒有費時間多嘗試幾次，而是在第三天到來之前，把那些比你厲害的朋友都刪了。

主持人張曉楠在參加一個論壇時說過這樣一段話：「不要總在一個黑屋子裡，一個封閉的空間裡，做著你的準備，想像著某一天你可以登上一輛快車，高速前進到達你夢想的遠方，這是很難的，甚至是不可能的。如果你眼前有一輛慢車，甚至是破車，但是它在朝你夢想的方向前進，跳上它，開始走吧。只有當你開始真正往前走了，你才能慢慢看清楚，你夢想的樣子。」

是的，沒有速度，只有加速度，你哪裡也去不了。

踮起腳就能拿到的，根本算不上夢想；拚老命蹦起來才能碰著的，才勉強算是目標；需要搬梯子、爬高牆，甚至是要等待很多年的，才能算是夢想。

夢想不是空想。如果你所謂的夢想，只是你隨便想想，那麼你當前的無奈生活，註定是困難重重。

更嚴重的問題是，過度使用想像會耗光你的熱情。你想到了規劃初期的熱情滿滿，想到了過程中的曲折，也想到了結局的不如己意。當想像停下來的時候，激情已經用完了，你也就沒什麼動力去執行了。最後，因為你勤於思考卻懶於行動，所以未曾出發就已經累得半死。

人之所以喜歡想像，是因為想像可以產生一萬種可能，每一種可能都看起來順理成章，而現實卻只有一個結局，而且常常還是漏洞百出。

更重要的是，想像可以天馬行空，而且不費力氣，而執行需要大費周章，還有可能處處碰壁。

可問題是，僅憑想像是撐不起人生的。你對現狀的種種不滿，並不都是因為你運氣不好，不是你不夠好看，不是你沒有能力，不是你不上進，九成以上是因為你懈怠了，膽怯了，放棄了。

明明有計劃，卻提不起精神，心裡想著再等等看，覺得「一切都還來得及」。可等的過程又覺得「空虛無聊寂寞冷」。

整天都在思考如何改變命運，可稍微努力一下子，就想放煙火讓全世界知道；稍微吃一點兒苦頭，就想被人「親親抱抱舉高高」。

到末了，除了年紀在長，皺紋在長，煩惱在長，夢想擱淺，你想要的還是沒得到，你喜歡的還是與你無關。

如果你在事實上選擇了隨波逐流，就不要逢人就說自己還有夢想，因為不付諸行動的「理想主義者」最容易變成眼高手低的「頹廢主義者」和一生都碌碌無為的「悔恨主義者」。

很多人的一生都是在悔恨中度過的。看到大學入學考分數的時候就說，「要是再給我一次機會，我一定不會那麼粗心大意」；在職場上處處碰壁的時候就說，「要是再給我一次機會，我一定在大學裡就好好準備」；被分手了就說，「要是再給我一次機會，我一定好好珍惜」；在一段不如己意的婚姻裡煎熬著就會說，「要是再給我一次機會，我一定不將就」。

你看，你所謂的清醒，僅僅意味著後悔。

所以，不要在年紀輕輕的時候就覺得自己已經跌到了人生的谷底，其實吧，你還有很大的下降空間。

＊＊＊

在一次公開課程上聽過這樣一則故事。有一位黑人以難民的身分到了美國，他想永久留下來，前提是他能有一份穩定的工作。

在志工的大力幫助下，難民如願找到工作了。可沒多久，他卻嫌棄工作太辛苦，就走了歪路，後來因為「入室盜竊」而被捕入獄。

審理此案的大法官也是一位黑人。在宣布「判處十八個月監禁」之後，難民抬頭問大法官：「這個判決對我留在美國有影響嗎？」

大法官一臉嚴肅地回答：「我沒有義務向你提供法律建議，你可以諮詢一下你的律師。」

難民突然怒了，他在法庭上大喊大叫：「你不該歧視黑人，你不能就這樣把我趕走，我的國家正在發生戰爭，我回去只有死路一條。」

等他喊完了，大法官冷靜地問：「歧視？」然後挽起自己的袖子，指著胳膊對難民說：「關於『顏色』，我曾經受過的歧視並不比你少。但現在不會有人歧視我了，因為我現在的一切都是我自己贏來的。」

殘酷的現實是，這個世界只關心你能提供什麼樣的籌碼，不關心你想要什麼。

怕就怕，你只是用配角的心態做事，用主角的姿態邀功；用判官的眼光來挑剔別人，又用竇娥的嘴來替自己喊冤，羞不羞？

任何東西都是有代價的。想要什麼就去努力爭取，喜歡什麼就去盡心做，不會就去學。一天學不會就學三天，以「天」算不夠就按「月」算，按「月」算不行就按「年」算。

再微不足道的出身，再細小的努力，乘以三百六十五天，乘以N年，都將是驚人的。

最懶的想法莫過於：說一說大話，就想擁有美好的生活；讀一讀道理，就想改變人生。

＊＊＊

有人問：「為什麼很多人會緬懷青春？」

讓我印象深刻的答案是這個：「因為青春能掩蓋很多問題。窮一點沒什麼，畢竟還年輕；教養不夠也沒關係，品行不壞就行；懶得鍛鍊也沒問題，新陳代謝好……可是，等青春的遮羞布拿開，窮、懶、醜就掩飾不住了。」

說實話，我不知道青春怎樣過才不算後悔。因為任何一種活法都會存在後悔和遺憾，任何一種選擇都存在風險。

就像法國哲學家保羅所說：「當你發明了輪船，就發明了海難；當你發明了飛機，就發明了空難。」

但是，你不能因為有風險就拒絕一切改變或投入，不能因為「可能徒勞無功」就不勞了。你該追求，不是零後悔、零遺憾，而是盡可能少一些後悔和遺憾。

可你呢？嘴裡喊著「我不將就」，實際行動卻是對每一個頹喪昨天的冷淡抄襲；表面看起來青春無限，實際就只剩一個萎靡不振的皮囊。

新年才過兩個月，你就好意思握緊拳頭暗暗發誓：「我決定從明年起重新做人！」

一個月才過了三天，你就好意思「暗下決心」：「我準備從下個月開始好好學習！」

早上醒來吃完油膩的火腿和三大塊蛋糕，然後認真地告誡自己：「我決定從明天起努力減肥！」

那今年呢？這個月呢？今天呢？你的意思是，你準備都混過去？

不動聲色確實是一件很值得提倡的狀態。但是它的核心意義應該是「不動聲色就能把事情做了、做好」，而非「不動聲色地什麼都沒做」。

否則的話，你以為是「以夢為馬，隨處可棲」，實際卻是「以夢為馬，越騎越傻」。

連續加三個星期的班，很有可能是因為你平時沒怎麼認真工作；連續吃一個月的素去減肥，很有可能是因為你平日裡無肉不歡，並且嗜肉如命；鬧到分手了再去拚了命地挽留，很有可能是之前把別人的心傷透了……所以，當別人在同情你、歌頌你的時候，你要清醒地知道，其實是自己罪有應得。

所有你此時此刻的手忙腳亂和悔不當初，都是因為某件事情開始得太晚。是的，所有的。

其實，每個人都像是一個農場主人，你的人生就是你的土地。與其對別人的豐收眼紅，不如低頭去耕耘。

誠如胡適先生所說：「昨日種種，皆成今我，切莫思量，更莫哀。從今往後，怎麼收穫，怎麼栽。」

我的建議是，當你想要做什麼，想去某個遠方時，請不要把「也許」「或者」「可能」的因素考慮在內；也不要把「會有好運氣」「會有人幫我」考慮在內。因為人的運氣總是時好時壞的，所謂的「貴人」，分分鐘有翻臉變卦的可能。

換言之，外界的一切因素都是不可預測、不可控制的變數，唯有你自己，才是那個不變數。

還是那句話，現在你不努力去讓自己過上想要的生活，那麼以後，你就會有大把大把的時間，去過自己不想要的生活。

你弱的時候，壞人最多

剛實習的時候，租過一間老房子，隔壁住著一位三十多歲的男人，腿腳有點兒殘疾，但並不影響行動。

聽周圍的大爺大媽說，他在幾年前受過工傷，為了討要賠償，他恨不得跟全世界打官司，現在靠著低收入補助維持生活。末了還特意提醒我「沒事不要招惹他」。

一天晚上，我聽見門外有人說話，開門發現是一位老大爺。只見他顫顫巍巍地從凳子上下來，手裡拿著一枚燈泡。

老大爺敲了敲鄰居的房門，裡面傳來一個咬字清晰卻極不耐煩的聲音：「幹什麼的？」

老大爺隔著房門說：「我看你家門口的燈壞了，就給你換了一個燈泡。」

裡面隨之「砸」過來一句話：「我沒有讓你換，這燈泡的錢我可不出。」

老大爺尷尬地朝我笑笑，輕聲嘀咕了一句：「我不是來要錢的」。

大約過了半個月，走廊的燈又壞了，這次卻沒有人再幫忙修了。那個男人就蹺著二郎腿坐在門口長吁短嘆：「上學的時候被同學欺負，工作的時候被老闆欺負，現在腿腳不靈了，又被一盞燈欺負。」

有人搭話：「那你為什麼不找個人幫忙修一下啊？」

他一臉委屈地說：「左鄰右舍都看見了，也沒有人過來幫一下，我還能指望誰？」

什麼是弱者？弱者就是自己不好意思開口，卻總希望別人能來問一問。

這種人很可憐，同時也很可笑。

「別人主動來幫」不代表「別人是吃飽了撐著沒事幹」，「需要幫忙」不等於「別人搭把手是理所應當的」。

「做好事」不等於「二十四小時都必須為你服務」，「當好人」也不等於「對誰都得扮成天使」。

別人可以做到「不圖回報和感恩」，但這也只是別人對待世界的胸懷和氣度，而不是你心安理得的藉口，更不是你理直氣壯的理由。

「弱」只是你的社會地位和個人能力的註解，不是你用來要脅世界、得到支援的資本。

生活中類似的情況很多。

明明就是希望別人從老家捎來一箱土雞蛋，說的卻是「你開車路過我家的時候，順便幫我帶一下」。末了，你媽媽在電話裡再三提醒你，要好好感謝一下別人。你聽了，從一箱雞蛋裡挑了三個送給別人，心裡話卻是：「謝什麼謝，順路而已，一箱雞蛋又不費什麼油。」

明明就是需要別人費力去完成剩下的工作，說的卻是「你不忙的時候，順便幫我做一下」。等別人做完了，犯了一點錯或者稍露一點難色，你就爆炸了，「這有什麼為難的？幫一點忙就擺臉色」。

明明就是希望別人下樓去買午餐，說的卻是「你吃午飯的時候，順便幫我帶一份」。並再三強調「帶什麼都行」。等別人將午餐送到你面前的時候，你連一句「謝謝」都還沒來得及說，就率先表明了自己的飲食喜好：「我不吃洋蔥，這怎麼都是洋蔥啊！」

你看，口口聲聲說自己不想麻煩別人，卻時時事事都在麻煩別人，看似是在盡量避免麻煩別人，但實際上是希望享有「別人來幫自己」的權利，卻不願承擔「感激或者回報」的義務。

問題是，就算別人真的只是「順便」幫了你，你就不該態度誠懇地說一聲「謝謝」嗎？你就不該適當地、主動地回報一下別人嗎？

把人生過得一塌糊塗的不見得都是弱者，也許只是失敗了而已。但如果一個人總覺得「被人同情」和「得到幫助」是理所應當的，那他註定是弱者。

和比自己富有的人一起吃飯，你覺得對方買單是正常的，「他那麼有錢，對吧？」和比自己厲害的人一起玩耍，你覺得他就該讓著自己，「讓一下又不會死，對吧？」

聽說那些比自己條件好的人成功了，你憤憤不平，然後心有不甘地說：「我只是沒有機會而已。」

看到那些和自己出身相同的人都成功了，你滿心失落卻又滿是不屑地說：「換我也可以，我只是沒做而已。」

可是，大家都是第一次做人，誰有義務讓著你呢？

當有一天，你發現自己可以麻煩的朋友越來越少，被人拒絕的次數越來越多，看見的都是越來越為難的表情時，希望你得出的結論是，「我之前肯定是一個很差勁的人」，而不是「世道變壞了，人心寡淡了」。

畢竟，生活不會無緣無故地偏袒弱者，就像歷史不會勉為其難地銘記凡人。

＊＊＊

柯先生在向我繪聲繪色地描述他早年的「笨蛋和無知」時，已經是獨當一面的部門經理了。

初到這家公司時，柯先生還只是個心高氣傲的大學生。結果第一天上班，頂頭上司就省掉了所有的客套，直接讓他下樓給自己買一杯咖啡，還特意強調「要深度烘焙，要兩包糖」。他先是愣了一下，最後低頭、轉身。在買咖啡的路上，他唸了一百遍「什麼渾蛋上司」。

為了和同事們打好關係，他主動承擔了下樓取餐的任務。可每逢他想要一點幫助時，幾乎沒有人會搭理他。大家更願意找他換一下桶裝水，或者指派他去列印室裡取一下複印件。在每次聚餐都被大家無視時，他唸了一百遍「什麼渾蛋同事」。

當連續幾個星期的加班超時也只是換來上司的一句「完全不行，再做一份」時，當每次碰面的畢恭畢敬都只換來同事們的視若無睹時，柯先生有點兒絕望了。

他理解不了，也接受不了這種待遇。他覺得自己足夠努力，對上司也足夠忠誠，對同事也足夠熱情。所以他能得出的結論是，「上司不重視自己」就是因為「上司沒有眼光」，「同事不理睬自己」就是因為「同事都是勢利眼」。

弱者的策略總是趨同：一旦自己混得不好，就到別處去找原因。要麼是覺得周圍的人都很壞，要麼是覺得命運處處在刁難。

他一心想要展現自己的努力和忠誠，卻沒想過公司需要的是「能把事情做完且做好」的人；他不遺餘力地幫著同事處理雜事雜務，卻不知道同事們更看重的是創意和見識。

他不會反思一下自己的特質、修養和技能，能否達到被某個人重視、被某個圈子接納的標準。

一個人還在成長的表現是，當他回顧自己最近幾年的表現時，會覺得某一刻的自己很幼稚，偶爾還會覺得「嗯，那是個笨蛋」，甚至為當時的一些舉止和想法感到尷尬。

他自嘲說：「那時候的我，真的是蠢到家了。如果哪天在公司門口撿到了一盞神燈，我肯定是一腳將它踩扁，扔進垃圾桶裡，然後發個朋友圈晒一下自己的責任心：『公司是我家，環保靠大家。』」

直到五年後，那個自命不凡卻又無足輕重的少年被打磨成了成熟穩重的部門經理，當年的不堪與難過也都淹沒在了談笑之間。

那時瞧不上他的上司，現在將柯先生奉為上賓了；當初對他頤指氣使的同事，現在也開始將其視為核心了。

他說：「別人的態度哪分什麼善惡與好壞，它只取決於你是能夠獨當一面的強者，還是不分青紅皂白的弱者。」

成長的路上，順其自然到底有多「自然」，你其實是感覺不到的，但殘酷現實有多「殘酷」，你會感受得尤其明顯。

因為現實會反覆地向你證明——你弱的時候，壞人最多。

當你還是個初出茅廬的小職員時，就一定會有一堆人冒出來，對你的策劃案指指點點，這個地方改一下，那個地方完善一下……你覺得他們給的意見都沒什麼意義，可是你還是要挖空心思去修改。

當你在行業中極其弱小的時候，就會有不同的人在不同的環節待你苛刻，這個地方拖一下款項，那個地方逼迫你改一下規則……你覺得他們不講規矩，毫無契約精神，可你不得不繼續和他們打交道。

因為弱，你的選擇權、話語權和主動權就不會屬於你。所以，別急著去滿世界找人脈、找朋友、找知音了，先把本事練好吧。

人生的路途中所謂的「門檻」其實都是相對而言的。本事夠了，它就是門，而且還會有人迎著、領著；本事不夠，它就是檻，而且還會有人攔著、攆著。人生的磕磕絆絆，多半是因為本事太小了。

＊＊＊

微博上看到一個故事，是一位交警的自述。

說是一輛電動車與一台賓利發生了對撞，交警根據現場的監控錄影得出結論：電動車司機隨意變道，由他負這起事故的全責。

這本來是一件責任明確的對撞事件，賓利車主甚至表態願意走保險，自己承擔賓利車的後續修理費用。

結果電動車司機卻不服了。他先是要求賓利車主賠償電動車的修理費，「你們有錢人不差這點錢」；繼而要求去醫院體檢，因為他覺得「自己是被撞的一方，身體處處都不舒服」，最後當眾奚落交警「你這是嫌貧愛富，偏袒有錢人」……

交警在自述的結尾說：「我不會偏袒富人，但我也不會偏護得寸進尺的市井小人！」

弱者永遠有一肚子的正義和委屈，他本身沒有什麼值得驕傲的資本，卻要表現出張牙舞爪的姿態，以此來掩飾內心的孱弱和底氣的不足。

他喊了一百句狠話來表明「我不是好惹的」，卻做了一百件事情來提醒別人，「快來同情我吧」。

明明應該反思「我是不是哪裡做得不好」或者「我會不會是做錯了什麼」，結果變成了「A這幾天對我很冷漠，肯定是有人在背後說我壞話了！」「B說要請我吃飯，是不是做了什麼對不起我的事情！」「C送了我一盒巧克力，哼，無事獻殷勤，非奸即盜！」

帶著這樣的心態待人接物，別說增長感情了，不封鎖這些「壞人」簡直就對不起自己的「超強邏輯」。

要我說，真不是你的腦洞太大了，而是你的漏洞太多了。

弱者往往容易患上「被迫害妄想症」。體現在感情裡是喜歡捕風捉影，體現在生活上是容易草木皆兵。

明明可以用「我想你了」和「我又想你了」來表達的，結果變成了「你今天那麼忙，微信都不給我發一個？」「三通電話都沒接，跟誰在一起啊？」然後開始想像：對方最終會怎樣圓謊，會露出哪些破綻，和他約會的那個人會不會是他的前女友。

等到對方拖著疲憊的身體回到家了，別說準備晚餐了，不大吵一架簡直對不起自己這一整天跌宕起伏的內心戲。

我的建議是，淒淒慘慘的時候不要嘰嘰歪歪，而是要悄悄地努力，悄悄變厲害。

之所以要「悄悄」，是為了讓自己少丟幾次人，少鬧幾次笑話。

而所謂的「變厲害」，就是你所面臨的問題和困難幾乎都在你的才華之下，所以你不需要曲意逢迎；就是你身處其中的生活和感情幾乎都在你的掌握之中，所以你不需要小心翼翼。

別人待你好，你要加倍努力，以期他日有能力了，去知恩圖報；別人待你輕薄，你更要爭氣，以期有朝一日可以揚眉吐氣。

總嫌衣服不好看，是衣服錯了嗎

橘子小姐有四個大衣櫃，裡面堆滿了新衣服。你沒看錯，是「堆滿」，而且都是新的。

可橘子小姐逢人就抱怨：「唉，衣服都不好看。」作為一個工作了兩年的職場菜鳥，橘子小姐深信「我的形象價值百萬」。所以，她買衣服有大把的理由。什麼「人靠衣裝馬靠鞍」，什麼「總穿舊衣服會掉身價」，什麼「人不愛美，天誅地滅」……

平心而論，這些理由都很合理，職場上的形象加分確實會有諸多好處。可她為此而買的服飾卻絲毫沒有說服力。

每次趕上促銷活動，橘子小姐就大包小包地買。湊夠這一檔的滿額特價活動，就繼續湊更高一檔的。直到把當月的薪水砍去了一大半，直到信用卡刷爆了，她才心有不甘地說「等下一次活動吧」，或者「等下個月吧」。

她為數不多的理智是近乎極端的「貨比三家」。為此，她不惜搭上睡覺和敷面膜的時間，以及看書充電的精力。

她可以在網路上跟客服嘮叨一個小時，只為便宜八塊錢人民幣的郵資；也可以為了某品牌的短襪在十幾個購物 APP 裡逐一比價，直到比出折扣最低的賣家。

結果呢？她花光了大把大把的時間和金錢，卻只是買來了幾大櫃子最終都認定「不好看」（當然也不會穿）的衣服。

敢問一句，你是買東西的，還是搞批發的？

很多人買東西時，腦子裡會產生一種奇怪的邏輯：但凡是看見了「打折」「促銷」「清倉」「拍賣」等字樣，一律都當作是「這東西不要錢」。

等到哪天清醒了才反應過來：看似不要錢的東西不僅要錢，而且沒什麼用。

再問一句：你是喜歡這件東西呢，還是喜歡它在打折呢？

人心都類似，都希望用更少的代價得到更好的東西。

可問題是，在你沒有足夠的選購技巧和甄別能力的時候，「湊單」多數等同於「用不上」，「特價、拍賣」更有可能意味著「過時」，甚至是「劣質」。

換言之，你只是分清了價格高低，卻忽視了價值大小。

如果你買一樣東西的參照標準不是「我需要」或者「我喜歡」，而僅僅是因為「它便宜」，那結果必然是，你會擁有一堆「實際用不上、丟了又可惜」的東西。

如果讓你激動的不是商品的設計、質料、功能，不是它的修身效果或者舒適度，而僅僅是因為「折扣划算」，那麼你活該在一堆衣服面前揪自己的頭髮，「怎麼衣服都不好看啊」。

我見過，買了一屋子沒用的特價商品，卻還沾沾自喜的家庭主婦，她們的臉上沾滿了「幸福」的汗水，內心戲是：「瞧瞧，我多會過日子。」

我也見過，排隊搶購自己根本就不喜歡的清倉商品，卻還一臉興奮的年輕人，他們的語氣中夾雜著成就感，內心話是：「看看，我多會省錢。」

可這其中有一種隱形的危險就是，打折的衣服也會順便打折了你的審美，低價的包包也將順勢拉低你的品味。

我的建議是，除非是非買不可，除非你是抱著「就算不好看、不好用，我也認了」的心態，否則的話，暫時買不起的就先不買，一定不要退而求其次地買一個替代品，無論它們外觀有多麼相似，你使用的心情是截然不同的。

暫時用不上的就不要貪便宜。與其把時間用在尋找特價商品上，與其把金錢浪費在「用不上，也不喜歡」的東西上，不如多花點力氣去賺錢，或者把錢集中用在某一個自己很喜歡的東西上。

能不能和喜歡的人在一起你不一定能做主，但和喜歡的物品在一起，你還是能夠決定的。

努力賺錢，也學著花錢，透過賺錢與花錢去展現自己的能力和價值，去感受生活的多彩與鮮活，而不是透過買一堆無用的東西來展現自己的精打細算，然後在一堆不喜歡的衣物面前愁眉苦臉。

因為貪便宜而買了不需要的東西，就像因為孤獨而接受了一個不喜歡的人，都屬浪費。

因為，便宜貨只是在付款的那一瞬間是讓人開心的，卻在使用的每一個瞬間都讓你不開心；好東西只有在買單的片刻會讓人心疼，卻在使用的每一刻都讓人覺得很值得。

換言之，好的東西往往只有「貴」這一個缺點，而便宜貨很可能就只有「便宜」這一個優點。

***

「哪有什麼衣服不好看，是你穿不好看。」說這句話的男生叫程舒，這是他三年前兼職做模特兒時常用的口頭禪。

在大學裡，程舒是很多女生心目中的「男神」。那時的他不僅成績出眾，而且還是學校籃球隊的副隊長，可謂「集智慧、人氣和帥氣於一身」。更讓人嫉妒的是，什麼衣服在他身上都像是為他量身訂做的。

大二那年，他在商場裡閒逛，被一位服裝店的老闆邀請去當模特兒，報酬相當可觀，讓很多靠發傳單、做家教賺零花錢的同學羨慕不已。

也就是在那段時間，程舒結識了一大群「校外人士」，是那種口口聲聲都喊著「有福同享，有難同當」的人。所以每次拿到薪酬，他們就聚在一起，或是夜夜笙歌，或是胡吃海喝。

僅僅一年的時間，程舒的體重就由八十公斤飆升到了一百一十公斤，讓人羨慕的六塊腹肌選擇了「合併單格」。

漸漸地，蹺課成了程舒的強項，籃球隊裡也不再有他的位置，請他當模特兒的老闆也毫無情面地將他辭退了。

曾經，兩三天就有一次飯局的熱鬧交際圈，突然間就像是掉進了冰窟窿裡；曾經，每個星期都能收到情書的好日子，遙遠得像是上輩子的事情。

惡性循環就此產生：因為身體發福，他的體力和吸引力越來越弱；因為關注他的人越來越少，他的落差感和自卑感與日俱增；因為負能量越來越多，他越來越習慣去暴飲暴食。

結果是，越吃越多，越來越胖，也越來越沒有精氣神……

他說，「胖得最厲害的時候，不用鏡子都能看見自己的臉」。

他說，「看著對面有人走過來，會心虛，因為不確定該往左，還是往右躲」。

他說，「有人問自己到底有多重，我說不知道，是真的不知道，因為不敢秤」。

殘酷的現實是，既然你是一口一口吃成胖子的，你就得一天一天地「難瘦」下去。這是個看錢的社會，也是個看身材的世界。因為身材會展示你的生活品質、習慣和理念，甚至會暴露你的努力和自律程度。

身材是一種無聲的廣告。它會在你展示自己的修養、內涵和見識之前，就早早地替你說話，糟糕的身材很有可能在無意之間將你出賣了。

所以，永遠不要小看一個能夠長年累月保持好身材的人，因為這意味著他有遠超於常人的自律，意味著他在美食面前沒有放縱自己的胃，並且具備對生活的掌控能力。把這種能力用在學習和工作中，都會變成強大的競爭力。

不要再對一個身材很好的人問「身材好又能怎樣」這樣傻瓜的問題了，身材不好的人往往更有發言權；也不要再向一個好看的人問「長得好看有什麼用」這樣幼稚的問題了，長得一般般的人才更有體會。

不爭的事實是，外在形象出眾的人更容易感受到世界的善意，而外在形象一般的人則難免會見識到世界的冷漠。

胖是放肆，但瘦是克制。生而為人，我們不僅要對自己的靈魂負責，同時還應該對自己的身材負責。

不要等到因為胖而對生活萬念俱灰了，才想起來和贅肉開戰；不要等到身體發福走樣了，再把怨氣撒在衣服上。

你確實有理由胖一陣子，但沒必要胖一輩子，所以藉口還是少找一些吧。

什麼「我天天都在健身運動，可就是瘦不下來」「我天天都去健身房，已經非常努力了」……拜託，你僅僅是去了兩次健身房，就好意思說「天天」？你僅僅就是和健身器材合影留念了而已，就好意思說「非常努力」？

什麼「我是天生的胖子，喝水都長肉」「我最近壓力太大，工作太忙，心情太差了」「我只是最近太懶了，垃圾食品吃得太多了」……

你一不肯管住嘴，二不能邁開腿，然後逢人就說「我想要瘦一些」，請問你是想學魔術嗎？

要我說，你只是決心不夠，苦沒吃夠，所以縱然是長年奮鬥在減肥的第一線，卻始終是一副臃腫不堪的皮囊。

所以，我才不會祝你貪吃不胖、懶惰不醜，我只願做這種春秋大夢的你，能一直別醒。

＊＊＊

在給形象加分的諸多項目中，「追求外在好看」是權宜之計，「讓內在有氣質」才是長久之計。傳說中「人醜就要多讀書」，也是同樣的道理。

你可以一天之內就擁有珠光寶氣的裝扮，卻無法在一天之內變成傾國傾城的佳人。

因為形象易得，但氣質難求。

我曾見過長相一般，但舉止和儀態讓人心馳神往的女子，也曾見過看起來光采照人，但談吐極為空洞的輕浮女人。

我曾見過身分一般，但談吐溫和、風度翩翩的男子，也曾見過渾身披金戴銀，但傲慢無禮、出口成「髒」的油膩男人。

我曾見過花了大錢買了包包捨不得背，只能挎著廉價包去擠公車地鐵的女孩，也曾見過有人將她限量版包包隨意頂在頭上擋雨的人。

歸根究柢來說，氣質源自閱歷帶來的從容不迫，源自實力帶來的寵辱不驚。

比如說，你手裡有真本事，腦子裡有清晰的認知，知道生活中該敬畏什麼，明白做人的底線在哪裡，給人一種知書達禮、不卑不亢的印象，那你自然就有了溫文爾雅的氣質。

又比如說，你見識了人性的美與醜，明白自己是怎樣的人，知道自己應該追求什麼和拒絕什麼，給人一種「可遠觀而不可褻玩焉」的印象，那你自然就有了大家閨秀的氣質。

衣服不好看，是衣服錯了嗎？難道你真的以為，「形象不佳只是因為沒有買到好看的衣服」？

找不到好看的自拍角度，是相機錯了嗎？難道你真的覺得，「自己的真容一定比鏡頭裡的好看得多」？

不要活在自己的臆想之中，也不要活在美圖軟體裡。你在現實中好不好看，大家其實早就心知肚明。

所以，把時間放在增長閱歷、拓展見識、提升本事上，而不是隨便找一些可笑的理由來安慰自己，以此來掩蓋自己偷過的懶、違背過的諾言，以及沒救了的「三分鐘熱度」。

把精力用在讀書、賺錢和健身上，而不是將自己當下的不堪怪罪於他人，並企圖以此來換取短暫的心安理得和長久的渾渾噩噩。

如果，我是說如果，哪天你快要堅持不住了，希望你能用下面這句話來自嘲一番，然後繼續堅持下去。

「北冥有魚，其名為鯤，鯤之大，和我的體型差不多；化而為鳥，其名而鵬，鵬之背，和我的運氣差不多。」

不怕眾說紛紜，就怕莫衷一是

深夜，阿宏發了一則朋友圈：「薩德系統不僅能偵測到幾千公里外的導彈，還能偵測到哪些人的腦袋進了水。」

一問才知道，阿宏吐槽的是T君。

午餐的時候，阿宏點了一份鴨血冬粉，正準備吃，T君很認真地對他說：「你居然還敢吃冬粉，那都是塑膠做的。」然後找出了一個影片，影片中有人將冬粉點著，直至燒成灰燼，T君據此強調：「冬粉吃不得。」

阿宏「噗哧」就笑了，他默不作聲地搖了搖頭，然後繼續吃他的最愛，T君不樂意了，丟了一句：「好心當作驢肝肺，不信拉倒。」

下午有個親戚來看阿宏，買了幾樣水果，阿宏大方地招呼大家一起享用。T君趕緊提醒大家說：「西瓜和桃子是絕對不能一起吃的，那是會出事的。」然後翻出一則朋友圈，上面的原話是：「桃子與西瓜一起服用，會馬上喪命。」

阿宏依然是默不作聲地搖了搖頭，然後當著T君的面將這兩樣水果一起吃了下去。臨睡覺之前，阿宏又看到T君在群裡發消息：「聯合抵制××，如果你是中國人，就發到各個群裡！只要把這則消息發到五個群裡，微信自動加一百元人民幣紅包，我試過是真的。」

隨後，有人跟著起鬨，「對對，就該一起抵制」，T君跟著說，「都要轉發啊，不轉發不配當中國人」，更有甚者，直接說：「不轉發死全家。」

阿宏默默地退了群，默默地封鎖了T君，然後發了文章開頭的那則朋友圈。

我問他對這一類「綁架」行為是什麼看法。

他說：「每當看見『不轉發死全家』『不轉不是中國人』之類的話，我的好友名單就會短了一點。他為他的國籍、他的父母而轉發，我為我的國籍、我的父母而刪除他，大家都沒毛病，畢竟大家都孝順，也都愛國。」

沒有判斷能力的人，就像是靈魂空洞的提線木偶，就像是一隻被魚鉤鉤住的魚，會輕易被操縱，輕易被感動，輕易被蠱惑。

聽說哪個明星出了醜聞，激動得像是丟了一件寶貝；聽說了一點負面的社會新聞，就憤怒得像是誰搶了錢包；看到了一點點毫無根據的傳言，就誤以為自己掌握了事實的真相。

可問題是，你身上有那麼多的爛攤子尚未收拾，居然還有閒心去操心明星的家長裡短；你連電影裡的好人和壞人都分不清楚，居然敢在事實不清的情況下罵別人禽獸不如；你連一則新聞的訊息出處都還沒看清楚，就急著用它去指導人生。

你的情緒比理智跑得快，嘴巴比腦子動得勤。所以你縱然是活得一頭霧水，卻還能對別人的人生滿是意見。

請你捫心自問一下：你到底是在主持正義，還是在滿足八卦心理？你到底是因為真相不合你的口味，所以視而不見；還是因為你只想宣洩情緒，所以無所謂真相？

聽到A對B的怒斥，你就判定B是個渾蛋；聽到B對A的反駁，你開始覺得A是個騙子；聽了C的點評，你又覺得A和B都不是什麼好東西。

聽到商家廣告說：「為自己的喜歡變窮，是一種光榮。」你信了，電子產品、包包、衣服、鞋子……當你用光了存款，刷爆了信用卡，之後才發現，光榮沒怎麼感覺到，窮酸倒是挺刻骨銘心的。

出現了熱門事件，你不加思考就跟風亂說一氣，隨大夥去抨擊或者感動，最後才發現，劇情的反轉速度不亞於體育課上的折返跑。

我想提醒你的是，在資訊爆炸的年代，謊言與謠言齊飛，若是缺少主見和思辨的能力，臉會被真相打成紫色。

你可以什麼都聽，但不要什麼都信；你可以隨心所欲，但不要隨波逐流。你的內心再強大一點，就不會聽風就是雨；知道的事再多一點，就不會人云亦云。

切記切記，腦子是日用品，別把它當成了裝飾品。

＊＊＊

念大三的李勳突然跟我說：「老楊，能不能幫我做一份考研究所的複習計畫？」

我發過去一堆問號，他解釋說：「我在網上查了很多複習計畫表，也問了考完研究所的學長學姊，但每個人說的都不一樣，不知道該聽誰的好。」

我問：「那你做過計畫嗎？」

他說：「我做了很多份，有的是模仿身邊的學霸，有的是按照老師的指導，還有的是參考了網路上的知名網紅……但我覺得都不行，誰給我提個建議，我就會把原先的計畫表全盤否定了，現在很混亂，完全不知道怎麼辦了。」

我回覆他一串省略號，然後明確告訴他，「我對此無能為力」。

我想說的是，如果別人的一句話就能推翻或者改變你經過了深思熟慮拿出的主意，那只能說你根本就沒有主意。

當你說你不知道怎麼辦時，不是指你不會計畫、不會學習了，而是你想做的事情得不到足夠的認同，這讓你備感壓力。你既擔心自己的努力白費了，又擔心沒有找到效率最高的方法，同時還懷疑自己最終能否如願以償。

我承認，磨刀確實有助於砍柴，但如果天天都在想著磨刀，那也沒什麼意義。實際上，斧頭一直都在你的手上，它其實是夠鋒利的，可你總是羨慕別人的利刃，以致懷疑自己的那把是否能用。

勒龐在《烏合之眾》中寫道：「人一旦走進了群體，智商就會嚴重下降。為了獲得認同，你會放棄自己的主見，用智商去換取讓人備感安全的歸屬感。」

比如說，某一陣子流行「歲月靜好」，你就去學詩詞歌賦，研究柴米油鹽醬醋茶，然後往自己的熱血裡加冰，還不忘貼一個文藝的標籤，叫「活在當下」。

過一陣子流行「再不瘋狂就老了」，你就開始躁動，在感情裡勸自己敢愛敢恨，在生活中勸自己「酷一點、狠一點」，並美其名曰「要做自己」。

又比如說，你熟記了網紅們提供的交友法則，試著變得熱鬧、可愛，試著結識新的朋友，可敲了一圈人的心門，發現還是自己一個人待著舒服。

別人說「十八歲是一個特別的年齡」，你也那麼說，後來卻發現，十九歲、二十歲、三十歲……每一個年齡都特別。

你讀了很多成功人士的故事，試著按照別人的成功指南去成功，可除了碰一鼻子灰，你跟成功還是沒有半毛錢的關係。

你的生活節奏是：間歇性雄心萬丈，持續性萎靡不振；間歇性努力向上，持續性一事無成。

年輕的時候，大家都以為自己很有主見，但事實恰恰相反。因為你前二十年已經習慣了聽話和安排，習慣了盲從多數人的意見，以及喜歡起鬨和湊熱鬧，所以你既不擅長分辨，也不會識別，更沒有「到底要成為什麼樣的人」的主見。

於是很多人的青春不過是在重複兩件事：用別人的腦子來思考自己的問題，用自己的嘴巴去解釋別人的人生。

這倒也應了《人生哲思錄》裡那句話：「每個人都睜著眼睛，但不等於每個人都在看世界。很多人幾乎不用眼睛看，他們只聽別人說，他們以為的世界只是別人說的樣子。」

看到電視劇裡流行某種時尚的髮型，你就毫不猶豫地跳上時尚的流水線。結果呢？腦袋裡的東西越來越少，腦袋上面的花樣越來越多。

聽著別人的召喚，「要做一個明媚的女子，不傾國，不傾城，只傾其所有去過想要的生活」，結果呢？確實沒有傾國傾城，倒是傾家蕩產了。

判斷某件事情的對錯，你參考的是做這件事情的人數的多少，只要做的人多，那這件事就「好像是對的」；判斷某件商品的優劣，你依賴於榜單上的排名，只要排名靠前了，那這件商品就「應該很不錯」。

判斷一個電影值不值得看，你依賴於評分、點擊量或按讚數，只要喜歡它的人很多，那麼「我也能喜歡它」；判斷某個人值不值得關注，你依賴於他的粉絲數量，只要數量龐大，那麼「他應該很有才華」。

所以你特別喜歡這樣的提示：95％的人使用此軟體，95％的人禁用此功能，95％的人選擇此樣式，95％的人購買此商品……

原來，你所謂的選擇，只是順從了多數人的意見；你所謂的思考再三，只是再三整理了自己的偏見。

＊＊＊

看過一則笑話。

有個大爺咳嗽得很厲害，就去看醫生。醫生診斷之後說：「沒什麼大問題，回去少抽點菸吧。」

過了兩個月，大爺又來了，因為他的咳嗽更厲害了。

醫生就問他：「讓你少抽菸，你抽多少啊？」

大爺說：「一天不到半盒啊！」

醫生又問：「那你以前抽多少啊？」

大爺說：「以前我不會抽。」

有多少人是像這位大爺一樣，很聽話，卻從不思考？

我曾見過，一個從不發廣告的朋友接連發了十幾則朋友圈，因為「某地水果嚴重滯銷，果農生活苦不堪言」。奇怪的是，這張圖片上愁容滿面的果農和去年的、前年的、大前年的竟然都是同一位老先生。

也曾見過，一些平日裡德行和口碑很差的人跑到貧困地區和一群小孩合影。奇葩的是，那些孩子的穿著越破舊、臉上越髒、鼻涕或者故事越長，這些愛心人士就越開心，就越有成就感，就越能博得掌聲。

我曾見過，一群大白天待在自習室裡都不知道關燈的學生，在城市主要幹道的中間站著，舉著「關燈一小時」的橫幅，臉上寫滿了快樂和榮耀，就像是剛剛拯救了整個世界。

也曾見過，一群在母親節當天把媽媽吼得不敢說話的年輕人，在朋友圈裡分享「世上只有媽媽好」的感人文章，感恩之心溢於言表，就像是突然變成了人間的頭號孝子。

我的建議是，如果你與這類人沒有什麼深仇大恨的話，建議你遠離沒有主見還特別願意聽到意見的人。我擔心你哪天心直口快的勸解促成了讓他違法亂紀的行為。

人們忙著感動，忙著主持正義，忙著批評和選邊站，可問題是，你不假思索地一頭栽進輿論的熱潮裡，真的有讓這個世界變美好嗎？還是在無意之間變成了某些人一呼百應的應聲蟲，成了他們指哪兒打哪兒的炮灰？

在資訊爆炸的年代，言論越來越極端、越來越追求勁爆，好像只有這樣，才能讓已經有了審美疲勞的你稍微抬一下眼皮、移動一下滑鼠、動一動手指頭。

結果是，在標題上濫用「史上最佳」「宇宙第一」之類的修飾，在內容中給出「以偏概全」的論斷，在評論裡與人吵得雞飛狗跳……

結果是，有一個九〇後犯了錯誤，就有人指責所有的九〇後都有問題；有一個老人不講理，就說所有的老人都是壞人；有一個醫生違反了道德，就指責整個醫療行業都沒良心……

善良的人啊，請讓那些駭人的、感人的、氣人的消息先飛一會兒，保持等待真相的耐心，不斷增強自己的判斷力，不輕信盲從，不煽風點火，也不隨便開罵。

主見是靈魂的防腐劑，靈魂若是腐朽了，人就成了水泥。

若是少了「主見」這個壓艙的東西，任何的輿論風暴都可以將你的生活之船掀翻。

記住，不隨便使人感動或者憤怒，是一種美德；不隨便被人感動或者激怒，是一種本事。

＊＊＊

一個不太妙的事實是：在越來越多的新聞、觀念和傳言裡，很多人並沒有能力做到撥雲見日，更多的是被輿論所裹挾，要麼變成了輿論的炮灰，要麼對自己的無知更加自信。

比如說，很多人會根據傳聞得出很多言之鑿鑿的論斷：「智商高的人情商都低」「有錢的人都不快樂」「好看的人都死得早」「有才華的人都不得志」……

大概是因為，如果不這麼解釋的話，一無是處的人就活不下去了。

如此看來，老天還真是很善良，在賜給別人幸福的同時，也遮住了你的眼睛，以免你心裡不痛快。

那麼，遇到熱門事件，看到熱門新聞，怎樣才能避免人云亦云呢？

第一步，你要學會懷疑。看證據充不充分？看邏輯合不合理？看事實清不清楚？如果你無法確定，那就不要輕易下結論，就像不知道某個東西能不能吃的時候選擇不吃一樣。

第二步，你要努力變得優秀。既要有見識上的拓展，也要有能力和收入上的明顯增長。這也就意味著，你的手上有獨當一面的本事，精神能扛得住困難與質疑，口袋裡有足以為堅持己見買單的能力。

第三步，你要始終保持一個開放的心態。有主見不等於固執己見，多換位，多求證，才有可能更接近真相。在聽和看之前，請盡可能地放下成見；在聽和看完之後，請盡力守護好主見。

打個比方說，當你聽說有人炒房發了財，一年的收入約等於你一輩子的固定薪水。正常的羨慕嫉妒情緒之後，你先要想一想，這條消息的真偽，以及是否符合常理。

然後，你再想一想，既然大家都知道炒房能賺錢，那為什麼不是所有人都去炒房呢？是沒有那個能力或者條件，還是沒有那個膽識？

最後，你還得想想如何提高自己的收入，是跟風轉行去炒房，還是提升賺錢的能力？又或者如何勸自己不嫉妒別人，安心做個上班族？

所謂的「主見」，就是當你擁有一個判斷的時候，是基於你掌握的資訊，然後分析和思考，繼而獨立地做出判斷，而不是因為十個人裡面有九個人都是這樣說了，所以你也這樣說。

有主見的人會對自己的情緒自負盈虧，同時極少表現出攻擊性；不會被廉價的情感煽動，也不會因為自己是少數派而動搖；會提建議但不會強求被認同，會質疑但不會被輿論蠱惑，心態開放但不被別人的嘴巴和眼光綁架。最重要的是勇於承擔一切後果。

我的建議是：把流言蜚語讓給市井小人，你只管從容優雅、落落大方。

願你在千頭萬緒的生活中能自有主張，願你在流言四起的年代裡能守「腦」如玉。

願這個世界繼續熱鬧，願你還是你。

噓寒問暖，不如給一筆鉅款

如果你不小心當過「媒婆」，那麼你一定知道，當媒婆的「售後服務期」是截止到他們分手的那天。

兩年前，我就被動地當過一回「媒婆」。在我號召的一次聚會上，一位男生對某女生一見鍾情，男生便再三求我幫著搭橋牽線。然後，我清淨的生活就此結束了。

我像個不定期會被提審的犯人一樣回答他們沒完沒了的問題，又像個法官一樣為他們的雞飛狗跳做裁決。

女生的性格偏漢子，人很活潑，說話也爽快；而男生的性格偏內向，話雖不多，但內心戲很足。

經過兩個月的試探和瞭解，男生突然就在我們仨建的微信群裡標註了那女孩，於是我看到了下面的對話。

男生：「我真的很喜歡妳，妳已經拒絕我十三次了，我還是不想放棄，妳就答應做我的女朋友吧。」

女生：「不好意思，我配不上你。」

男生：「怎麼可能配不上呢？」

女生：「因為你的夢想太大了。」

男生：「我沒有什麼夢想啊！」

女生：「有的，真的有！」

男生：「什麼？」

女生：「你癩蛤蟆想吃天鵝肉。」

男生隨後就退群了。

我問女生「什麼情況」，結果收到的第一句話是：「他啊，不過是一個羞答答的厚顏無恥者。」

原來，女生最初是有意和這個看起來憨憨的男生交往的，可打了幾回交道，發現男生的交際方式是：許諾的時候洋洋灑灑，兌現的時候遙遙無期；告白的時候深情款款，被拒之後橫眉怒目。

有一次，女生養了很久的水母死了，正傷心的時候，男生上線就開了一個不合時宜的玩笑：「要不咱們將牠涼拌了吧。」見女生沒理他，才補了一句：「等我明天送妳幾隻活的。」然後，就沒有然後了。

還有一次，女生胃病犯了，在去醫院的路上碰見了男生，結果男生目送她上了計程車。直到晚上八點多，男生才發來一大堆「養胃指南」的連結，並且信誓旦旦地說：「以後妳的胃，交給我來養。」然後，就沒有然後了。

女生總結道：「他說他可以為我做任何事，可任何事都沒有做過。他只是透過手機向我喊了無數的口號，就覺得已經為我竭盡所能了。」

那天晚上，男生更新了朋友圈：「唉，也是怪我痴情，明知道愛錯了人，卻還是知錯不改。」

看見沒有？人一旦矯情過了頭，還真挺像是真愛的。可問題是，除了嘴巴，你全身上下，哪一點兒像個痴情人？

世界上最沒用的東西大概就是「不去兌現的承諾」，它一不需要成本，二沒有技術門檻。就像是在嘴上安裝了一台印刷機器，不限量、無間歇地印製各種各樣的保證書。

可問題是，一旦諾言許得輕而易舉，真心就顯得一文不值。

這和你發現還有兩個星期就要考試了，然後對自己說，「明天要做一套模擬題」；或者是意識到肚子上的「游泳圈」已經損害到自己的氣質了，然後發誓說，「下個月要瘦十公斤」……都是同樣的道理。

說一說「我要努力」是為了安撫一下自己的良心，喊幾句「我要減肥」是為了嚇唬嚇唬身上的贅肉。僅此而已。

有的承諾就像是戴著面具的熱情，一旦摘掉面具，它就叫「一時興起」。

金星曾這樣教導女生：「如果一個男生心疼妳擠公車，埋怨妳不按時吃飯，提醒妳早睡早起，囑咐妳下班回家注意安全……請不要急著感動。倒是那個開車送妳、生病陪妳、下班接妳的人，妳倒可以認真考慮一下。」

換言之，你不能被別人的一句好聽的話、一個空洞的承諾就給哄走了。

等他訂好了餐廳，你再相信他是真的想請你吃飯；等他在你有麻煩的時候出現在你面前了，你再相信他是真的關心你；等他在大是大非面前堅定地站在你的立場上了，你再相信他是真的想跟你到白頭。你得小心一點，因為有的人寂寞了，連自己都敢騙，更別說是你了。

真心的檢驗標準，不是說了多少，而是做了什麼。都是大人了，別指望拿一把假鑰匙打開誰的心門。

＊＊＊

有的人可以直接歸類為「愛情恐怖分子」，比如「撩一下就跑」的人。

三月底，安小姐私訊求助我，她說：「我真的不知道應該怎麼辦好了。」

事情是這樣的，有個男生沒事就找她說心事，偶爾還會約著去吃飯、看電影，甚至還會或明或暗地說一句類似於「妳是我喜歡的類型」這種話，次數多了，安小姐便有一種「他應該是喜歡我」的感覺。

她問我：「我感覺自己已經被他撩到了，可他又沒明說，我該怎麼辦？」

我建議道：「在分清他是人是鬼之前，不要急著掏心掏肺。」

大約過了一個星期，安小姐又來找我了，說男生已經好幾天沒有主動聯繫她了。她給男生發微信，回覆都很勉強，更像是應付。最後安小姐就跟對方挑明了，說希望做男生的女朋友。

結果男生回覆的是：「我們做朋友不是挺好嗎？再說了，我早就有女朋友了！」

安小姐連續發了十幾個問號給我，以示「不解」。她說：「明明是他先來撩我的，而且還撩得很成功。現在才說他早就有喜歡的人了，這算什麼啊？」

我說：「多數撩完就跑的人，只是順手一撩。或許是因為那時候剛好有空，而妳剛好在線上；又或許是，在他『大面積撒網，選擇性捕撈』的戰術下，妳榮幸地被放生了。」

在這個交流如此便捷的時代，誰都能對你說「晚安」，誰都能說喜歡你，誰都能提醒你早睡早起，誰都能說一堆關心你的話……

你要做的，是擦亮眼睛，甄別出真心和假意。

最可怕的是，你早就感覺到了異常，甚至看透了對方只是玩玩而已，卻捨不得拆穿他，僅僅是因為，那種「被撩」的感覺挺不錯。

那結果自然是，他自帶主角光環插足你的生活，卻又在你習慣有他的時候一走了之。他慢慢變成你的萬裡挑一，而你註定只是他的萬分之一。

小說和影視劇裡的愛情之所以感人，是因為那裡的愛情總是這樣：他漂洋過海只為看你，他赴湯蹈火只為救你，他茫茫人海只為找你。他的愛，是偏愛，是獨獨為你一人。

現實中的愛情之所以難堪，是因為它經常是這樣：他手持一捧花，在茫茫人海裡晃，看見順眼的，就遞過去問一句「你要不要」，如果被拒絕了，他轉身就去問下一個。

這種喜歡就像是在微信裡聊天，他的那句「我喜歡你」是有期限的——一分五十九秒，如果你沒有回應，他就有可能收回。

＊＊＊

想起一個有意思的小故事。說是有個農民養了一隻鵝。一開始，鵝是有危機感的，牠常想：「這傢伙為什麼對我這麼好？這背後一定有陰謀，我得小心一點兒，以防他哪天傷害我。」

好幾個星期之後，農民天天都拿糧食來餵牠，給牠沖洗籠子，漸漸地，鵝的防範心理越來越弱。

好幾個月過去了，鵝的想法完全變了：「這傢伙一定是喜歡上我了。」這個信念每天都得到證明，每天都在鞏固。

但鵝不知道的是，農民是在等待節日的來臨，那時候，他會把鵝抓住，並且殺掉。身處感情漩渦之中的你，常常就像是這隻鵝。

你無法分清楚，他為什麼不肯挑明關係，到底是因為他不夠愛而無動於衷，還是因為他不懂愛而無能為力。你也分不清楚，他給的那些關心和問候，到底有幾分是出於喜歡，有幾分是出於禮貌。

但需要提醒你的是，一個人對你好，總是圖你一點什麼。無條件的關懷，只有你媽才能做到。

面對別人的關心、問候、照顧，可以感謝，但不必急著感動。如果你沒本事讓自己免於傷害，那你起碼要記住：諾不輕信。

很多人嘴裡的「我喜歡你」「我愛你」，就像是垂釣，給出一點點是為了得到更多，就像是企圖用一條蚯蚓釣上來一頭鯨魚。

所以，不論你是孤男還是寡女，不論是說出喜歡還是收到表白，看準了再開口，想好了再同意。

什麼叫看準了？就是決定要和一個人談戀愛之前，就把身邊那些七七八八的人清理乾淨，一點兒醋都別讓人吃。

什麼叫想好了？就是如果以後出了什麼問題，你只能找個沒人的地方甩自己耳光，而不是一把鼻涕一把淚地罵誰誰是個騙子。

最可怕的是那種實際上並不喜歡你，卻偏要說「我不知道怎麼拒絕」的人。

他帶著「我不想傷害你」的正義感，一邊跟你曖昧不清，一邊與你保持距離。他什麼心事都跟你說，什麼祕密都跟你分享，你本來是打算放棄他的，結果恍惚間又覺得，「嗯？好像還有戲？」

然後，你就像得到了什麼暗示似的，接二連三地向他告白，可他的口氣怎麼聽都不像是在拒絕，更像是在說，「請讓你的追求來得再猛烈一些吧」。

他對你說，「我還沒有做好戀愛的準備」「我擔心失去你這麼好的朋友」「我不知道是不是喜歡你」……等再過了兩三天，他就像什麼都沒有發生一樣，找你陪他去逛街、看電影、過生日……

他哪裡是不會拒絕，分明是不想拒絕。他喜歡被人追逐的感覺，他享受著與你曖昧卻不必承擔義務的快感，他需要有人陪伴，卻不想失去單身的自由。

以致到最後，當你發現他的本意不是與你談情說愛、廝守一生時，他竟然表現得比你還要難過，還要委屈：「我真的不知道怎麼拒絕你，我真的是不知道怎麼做！」

當你痛徹心扉，決心與他決裂時，他甚至還會虛情假意地對你說「要幸福哦」，就像是入室行竊的賊，偷光了你的錢財，還留言說「恭喜發財」。

我的建議是，在無法分清真心還是假意之前，先想想如何靠自己努力致富吧，別總在感情的世界裡傷春悲秋，捏在手心的錢永遠要比那抓不住的心踏實。

你的安全感，應該來自每天都在變好的肌膚、成績，穩定的體重、情緒，足夠的銀行戶頭餘額、手機電力剩餘量，而不是另一個人時有時無的噓寒問暖。

＊＊＊

「改天我請你吃飯」「改天我去看你」「等我有錢了」「等我有時間了」……你被這些話糊弄過嗎？又或者你拿這樣的話糊弄過別人嗎？

本來，被人記得，被人在乎，以及得到承諾，這都是讓人高興的事，但如果你每次都把時間定在「改天」或者「下次」，你所有的承諾都需要無限期「等」，那麼對方能夠得出的結論僅僅是，你毫無誠意。

你別忘了，失信就是失敗。

別人一旦不信任你了，那麼不論你做怎樣的補救，他都會覺得你是在玩套路。

真心要見面，就想好了再說，具體到哪天，幾點，哪裡，和誰。

否則的話，與其裝得熱情滿滿，不如一早就省掉寒暄。

你所謂的「改天請你吃飯」，更像是在說「今天可以就此打住了，可以掛電話了」。

你所謂的「下次好好聚聚」，只是意味著「這次碰面可以結束了，可以轉身然後頭也不回地離開了」。

你所謂的「等以後再說」，只是在表明「今天不想繼續討論了，你自己看著辦吧」。

讓人覺得寒心的事無不與「改天」「下次」和「等」有關。一說「改天」就時過境遷，一說「下次」就音信全無，一說「等」就物是人非。

切記，這世上所有的久處不厭，都是因為用心！

別讀了那麼多有用的書，卻成了這麼沒用的人

公司對面是一所重點中學，傳說中的「未來的花蕾們」都在裡面養著。

一天早上，在離學校門口不遠的路口上演了一場鬧劇：一位穿校服的男生對著一位中年女人一通怒吼，跟罵孫子一樣。

當時剛入冬，北風雖不大，但氣溫很低。中年女人手裡拿著一件黑色羽絨服，亦步亦趨地哀求：「兒子，你快點穿上吧，別凍著了，媽媽求你了。」

男生則是怒不可遏，一邊甩手一邊怒吼，像是在轟一位湊上前來乞討的人，「妳滾開！我凍死了更好，凍死了你們就不用給我買新手機了。」

女人把本來就很小的聲音又降了一調，依然是哀求的語氣：「兒子，你先穿上吧，別感冒了。手機下個月……下個月等我發薪水了就給你買，這個月的薪水剛剛夠給你交輔導班的費用……我下個月肯定給你買，我……」

還沒等女人說完，男生一把搶過了羽絨服，狠狠地摔在地上，然後把雙手叉在胸

前，一臉的「英雄氣概」。

這男生蠢嗎？當然不蠢，蠢的話進不了重點中學。他只是沒良心罷了！

他將那個疼愛他十多年的人逼到了低聲下氣的地步，還不忘當眾羞辱一番，讓她知道「我想要的」和「妳能給的」之間隔著「翻好幾個筋斗雲」的距離。

他坦然地享用著父母千辛萬苦提供的物質，學著他們根本無法理解的知識，見過他們沒有機會去見的世面，體驗著他們無法想像的鮮活人生，到現在，卻對他們的貧窮滿是嫌棄和鄙夷。

看看他，讀了那麼多有用的書，卻成了這麼沒用的人！

如果我沒猜錯的話，很多人長這麼大還能夠使出來的「超能力」，就是「讓父母超級生氣的能力」；而傳說中「成長的煩惱」，竟然是「你長大了，然後你的父母煩惱了」。

把那雙懶得刷乾淨的準新鞋扔進垃圾桶裡，你連眼睛都不眨一下；把每個月準時到帳的生活費用在請朋友胡吃海喝上，你顯得特別慷慨；在美髮店裡一擲千金，你覺得自己美翻天了；跟戀人嘔氣吵架將新買的手機當廢物一樣摔成渣，你覺得特別解氣……

你認為自己很率性、很真實、講義氣，視金錢如糞土，可事實上，只是因為花的不是你的錢，所以你根本就不知道什麼叫心疼。

平日裡，除了像個催債的那樣打電話要錢，三五個月才想起來問候一下父母的大有人在；一結婚就把爸媽排在媳婦、孩子、朋友，甚至是網友後面的人也比比皆是。

父母傾其一生的積蓄為你準備房子車子也沒能換來你一句「謝謝」，而你呢，一年到頭就回家那麼幾天，還把其中百分之九十九的時間用在了睡覺、娛樂和社交上。

你毫無節制地索取，父母毫無怨言地給予。結果你成年了還依然像個孩子，還以為「得到他們的疼愛」是理所當然的，以為他們這般含辛茹苦是不必去感恩戴德的。

人性的粗鄙之處大概就在於：總是過於在乎那些輕視自己的人，卻輕視那些非常在乎自己的人。

從表面上看，父母好像只是你的ATM提款機或者錢包，但實際上，他們是在不斷地掏空自己來填補你的人生。結果你在不知不覺中羽翼豐滿，他們卻在不知不覺中兩鬢斑白。

從表面上看，父母生你養你好像是因為「他們想要個孩子」，但實際上呢，他們既用不著你來撐門面，更不指望你來養老，他們只是希望你平平安安地在這個美麗的世界上走一遭，讓他們有機會能和你同行一程。

笨蛋孩子，對你的父母而言，不是你做到名利雙收才算光宗耀祖，你能平平安安就已經算是十分孝敬了。

＊＊＊

女孩子一旦過了大人們認定的「戀愛黃金年齡」，就會被他們拿出來搞「促銷」。比如芸姑娘。

芸姑娘今年三十二歲，「大齡剩女」的帽子都快要磨破邊兒了，自然是經常被「促銷」，可她從來不會因為爸媽的催婚電話而抱怨什麼，也不會因為他們自作主張的相親安排而惱羞成怒。

我問她心態好的原因，她的回答讓我終生難忘。她說：「因為父母是這個世界上最孤獨的人類。」

身為獨生女的芸姑娘從上高中開始就住校了，後來考上大學去了異地，如今工作又去了異國。

回家的頻率從一個星期回家一次，變成了一個學期回家一次，再變成如今的一年回家一次。

越洋電話裡也會偶爾出現爭論，但芸姑娘一定是率先繳械投降的那一方。她說：「我也會覺得委屈，為什麼就不能理解理解我呢，然後也會生氣，甚至會氣哭了，可流了三滴眼淚就會突然提醒一下自己：爸媽也不容易。」

芸姑娘解釋說：「他們倆都退休了，跟我通電話可能是生活中為數不多的大事。所以聽到什麼風吹草動，首先就想到要提醒我注意安全，絮叨是難免的。聽說誰家的孩子與我同在一個城市工作，就難免想撮合一下。」

「我和他們沒有生活在一起，交集也少，能聊的話題自然有限，他們經常提及的，不一定是他們愛聊的，但多數是他們想到能聊的。」

去年春節回家，多事的鄰居在家門口見到了芸姑娘，就很隨意地問：「妳都這麼大了，怎麼還回妳媽家過年啊？」

芸姑娘的媽媽立刻頂了回去：「怎麼了，這不是我女兒的家嗎？」芸姑娘在一邊笑得都快站不起來了。

我問她：「那妳為什麼選擇在外面打拚，而不是跟爸媽生活在一起？」

她說：「我呢，既不好看，也不優秀，但我知道我的爸媽不容易。所以我現在是貪生怕死，不敢遠嫁，一門心思只想努力賺錢，因為他們倆只有我！我不能只是做他們的小棉襖，還得做他們的錢包、飯碗、醫療保險。」

她又補充了一句：「世界那麼大，我的爸爸媽媽也應該去看看。」

龍應台在《目送》裡寫道：「世間所有的愛都指向團聚，唯有父母的愛指向別離。」這種「別離」給父母帶來的悲傷是，你正一點點地從他們的生活中消失。

進了家門已經聽不見你的聲音了，玄關裡看不見你弄得亂七八糟的拖鞋了，洗手間裡已經沒有你的牙刷和毛巾了；茶几上看不到你隨手扔的雜誌和零食了，餐桌上少了一副碗筷，偌大的房子裡少了一個人……

你不知道他們是怎樣度過那些為你提心吊膽、著急忙慌的日子的，你不知道他們在你看不見的遠方是怎樣思念你的，所以你也很難意識到：他們那些「多餘」的關心，只不過是想多和你聊聊天罷了。

你沒有做過早出晚歸才賺到一百塊錢人民幣的兼職，你就不會理解為什麼媽媽要到更遠一點的菜市場去買菜；你沒有嘗過薪水付完房租就所剩無幾的生活，你就不會明白為什麼爸爸那麼執拗地要留著那些剩菜殘羹；你沒有經歷過生一次病就花光了整年積蓄的難處，你就不會懂得為什麼爸爸媽媽會沒完沒了地提醒你「注意身體」和「節制花錢」……

不要總想著自己應該得到什麼，而要多想想自己該做些什麼。

不是有人說了嗎，「身無饑寒，父母無愧於我；人無長進，我以何待父母？」

一個人怎樣才算是真正長大了呢？

標準答案裡至少要有這一項：開始懂得父母的不容易，並且迫不及待地想要去回報他們。

可曾經的你是多麼幼稚啊！總盼著遠離父母，「越遠越好」。

於是，你趕著長大，趕著出門遠行，趕著尋找人生的意義，趕著離家追逐夢想，趕著跳出父母的循規蹈矩，趕著向父母宣布：「我和全世界是不一樣的。」也趕著向全世界宣布：「我才不要活成父母想要的樣子。」

結果真到了這一天，你和父母真的隔著山河湖海的時候，才幡然醒悟，原來世界上能夠不計成本地愛著自己、慣著自己的人，也只有父母了。

而此時，他們卻老了，老得走路都踩不出聲音了。

做子女最容易犯的錯誤，並不是沒有時間陪伴，也不是缺乏孝心，而是以為，他們會永遠都在。

＊＊＊

有一陣子，朋友圈裡熱傳一張「祈福」的圖片，大意是說「轉了能護佑媽媽身體健康」之類的。

有人私訊問我：「大家都在轉發，你為什麼沒有轉？」

我說：「不氣自己的媽，比什麼都強！」

什麼叫「不氣」，不氣就是要理解和體諒。

每個時代都有它的特殊性，生活在不同時代裡的人也都有不同的喜好和活法。你爺爺年輕的時候可能還在為填飽肚子而犯愁，你就別提什麼美國大片和啤酒炸雞了；你媽媽年輕的時候可能還沒有普及手機，你就別跟她說什麼部落格和線上影片了。

你不能把你成長的這個時代的東西強加給他們，要求他們來理解並認同你的想法，這不公平。

所以，當他們給你轉發那些極具年代感的祝福時，你一定要表現出足夠的熱情，而不是「這種東西誰還看啊」的嫌棄；當他們向你詢問那些幼稚園的小朋友都會擺弄的新科技產品時，你一定要表現出極大的耐心，而不是「這麼簡單都不會」的煩躁；當他們向你「炫耀」老年娛樂活動的照片時，你一定要表現得足夠好奇和支持，而不是自以為高級地評論道「這太土了」。

同樣重要的還有，當你有什麼話要向他們說的時候，就大大方方、明明白白地講出來，開不了口就用文字代替，而不是把滿心的掛念憋成一句內心獨白。

別忘了，這些看起來「什麼都不會、什麼都不懂」的「過氣了」的人，在你很小的時候，也曾是你的依賴。

真正的孝順，就是雖然你已經不那麼相信他們說的那些道理了，但你願意聽他們說；雖然你不喜歡他們做的那些事情，但你支持他們做。

在你質疑父母「為什麼總是替我安排一切」「為什麼總是操那些沒用的心」的時候，你先要問問自己：「平時的生活可曾讓他們放心過嗎？」

你啊，只不過是羨慕自由，卻不可靠；自以為獨立，卻不成熟。

你只是貪圖「想做什麼就做什麼」的自由，卻沒有「計畫做什麼就做成什麼」的先例。那你憑什麼叫父母放心地把人生的方向盤交給你？

最沒良心的活法莫過於，因為一點點不滿，就忘了他們所有的好，然後一邊依賴，一邊嫌棄。

你能依賴他們多久呢？一切正常的情況下，你最多能厚臉皮賴著他們到十八歲而已，之後你就得靠自己了。

作家鄭淵潔曾說：「人和其他物品一樣，是有保質期的。人的保質期是十八年，十八歲之後還靠父母的，屬於殘次品。」

你能嫌棄他們多久呢？一切順利的前提下，除掉你學習、工作、娛樂、成家立業的時間，你可能只有幾百天能見到他們了。

他們還能做出什麼招你嫌的事情呢？無非是，在電話裡讓你保重，給一些在你看來是「瞎操心」的建議。然後一邊垂垂老去，一邊盼你回家。

所有你以為的永遠，其實都在倒數計時。

太拿自己當根蔥的人，往往特別喜歡「裝蒜」

一個懶惰的身體裡卻住著一個容易歇斯底里的靈魂，這種人最常見的狀態是：話說得很狠。

陳克今年二十八歲，因為經常飆狠話而「聞名」於朋友圈。

大四因為擔心「畢業了就失業」，他對外宣稱自己要考研究所，並且發誓說：「考不上研究所，就絕不走出母校大門。」他報了價格不菲的補習班，但絲毫不影響他蹺課；也買了成套的練習題，這不代表他會做。所以他每次測試的成績，都是穩定在補習班的末尾。

有人嘲笑他，「腦袋可不是個裝飾品」，另一個人接話說：「做裝飾品也選個好看的啊！」惹得眾人哄笑。

陳克拍案而起，「你們再說一遍」。然後，別人就再說了一遍。陳克尷尬了幾秒鐘，把嗓門提高了八度，甩了一句「你們給我等著」。

之後，他就換了一個自習室睡覺去了。

研究所沒考上，陳克也確實沒有走學校的大門，他是從側門離校的。

在家待業了三個月，有一次被爸爸的一句「別總是坐著，把自己的房間收拾一下」給氣炸了，認為爸爸是在嫌棄自己，於是扯著嗓子喊：「我不在這個家待著，就礙不著你們的眼了。」

就這樣，一個二十多歲的大小孩，因為嘔氣而離家出走了。結果呢？出走了三天，就因為身無分文而被迫打道回府。

父母不敢再說他什麼了，只好託人給他安排了一份房屋銷售人員的工作。這一做就是三年。三年的時間，陳克就從一百七十幾公分的瘦「竹竿」變成了一百七十幾公分的胖「竹筐」。

其間，有人說要給他介紹女朋友，他大言不慚地說：「我要先立業，再成家。沒有攢夠一千萬人民幣，我不會考慮婚姻的事情。」

但事實上，以他的努力程度和消費強度，能夠達到年薪十萬人民幣就已經很不錯了，而要攢夠一千萬，估計要先活夠一百歲，再向天借五百年。

你說了誰信呢？你發的毒誓兌現過一次嗎？你狠了誰怕呢？你完成過讓人信服的事嗎？

你所有的憤怒更像是在跟自己飆戲，你所放的狠話更像是在表明「我沒轍了」。

愛說狠話的人，大概是這樣：我自橫刀向天笑，笑完就去睡大覺，睡醒我又拿起刀，接著橫刀向天笑。

這有什麼用呢？

成績不行就老老實實去看書做題目，別說你小學得了幾次第一名了，你昨天越厲害，就越凸顯你今天的失敗。

本事不行就踏踏實實去修煉，不要列一堆「我將來一定會很厲害」的假設，你真的以為這樣就能在別人面前不落下風？

外貌不行就認認真真地美容塑體，不要以為飆幾句狠話，就能把自己送上顏值的巔峰。

當你準備起誓的時候，記得告誡一下自己，「人在做，天在看」；在你胡吃海喝的時候，也麻煩提醒一下自己，「人在吃，秤在看」。

你只有真的瘦下來了才會明白：減肥的結果不是少了幾斤肉，而是身體素質和自信的全面提升。也只有真的變厲害了才會懂：沉默也能讓人聽見，威脅其實可以是無聲的。

什麼「等我瘦了就去找你」，拜託，你要是不想見誰，就直接跟他說。

什麼「明天要減肥，後天瘦成一道閃電」，認真搜一下資料，一道閃電可能有四公尺寬。

一個善意的提醒：該說的說，不該說的小聲點兒說。

＊＊＊

特別欣賞的一種生活態度是：我過得很好，我沒什麼想說的。要說的這位叫董倩，她是我的學姊，話不多，但擲地有聲。如果她說了「不行」，那就是這件事情完全沒有商量的餘地了。

做了七八年的部門主管，但從來沒有誰聽她說過一句重話。她說：「不是因為脾氣好，只是情緒化於事無補，還容易給自己挖坑。」

「挖坑」的結論來自她的親身經歷。那時初入職場，渾身是膽卻報效無門。有一次因為主管的不恰當評語，她大發雷霆，隨即把辭職書甩到了主管的辦公桌上。

當天晚上，她一連更新了二十條微博，大肆攻擊主管「沒眼光」「小心眼」「我一定會證明你是錯的」「什麼領導，只會誤導」「是金子總會發光的，等著瞧吧」……

這一系列公開的、激烈的「抨擊」並沒有幫她挽回聲譽，也沒有讓她釋懷，反倒是變成了朋友們戲弄她的把柄。每逢生活不順利的時候，朋友就會半開玩笑地說：「快去發個微博吧。」

她這才意識到，沒有誰會俯下身來感受自己的痛不欲生。關係好一點的，也只能是站著，然後彎腰給一點憐憫的撫慰或同情的陪伴；關係一般的，只會覺得自己傻，然後嘆氣、搖頭；更多的是觀眾，他們看著自己發瘋、出醜，然後當個笑話講給別人聽。

事實上，爆一些言辭拙劣、快意恩仇的狠話，僅僅是惱羞成怒卻又無計可施罷了。

之後的這些年，不論是感情受挫，還是工作遇困，她始終奉行「不說狠話，不講醜話」的原則。微博和朋友圈裡展示的消息，一年到頭都不會超過五則。

初相識，大家會以為她是個不喜歡社交的女上司，但相處久了就會發現，跟她共事很舒服：沒有居高臨下的壓迫感，也沒有「我們不熟」的距離感，有的是「不聲不響就把事情做好」的麻利勁兒，以及「即便是火燒眉毛了卻依然不動聲色」的沉穩。

有人告訴她「某某同事在公司群裡誣蔑妳虛偽」，她笑笑沒當一回事；別的部門主管提醒她「當心有人讓妳背黑鍋」，她依然只是笑笑。甚至是劈過腿的前男友陰差陽錯地來公司談業務，作為接待方的她也表現得處處得體，沒有一絲一毫的難堪和怨氣。

她怒不出來，是因為她明白，生氣沒用，爭氣才行。

當一個人心裡裝滿了負面情緒時，所有的問題都會被無限放大，對當前的不滿和對未來的恐懼也會一起輾壓過來。光憑忍是遠遠不夠的，還要試著轉移注意力、找人傾訴，以及閉嘴。所謂情緒穩定，是指有情緒會找可靠的管道發洩，但是不會因此昏頭昏腦做出錯誤決定。

換言之，當著長輩或者主管的面拍桌子、說狠話，都算不上勇敢；向自己熟悉的人亂發怒、擺臭臉，也算不上厲害……準確地說，這些都是情緒失控的表現。

越是什麼都沒有，就越害怕被人瞧不起；越是弱，就越容易怒。而那些真正厲害的角色都是不慍不火的。

這種厲害不是指社交上的圓滑和做人上的世故，而是面對那些不喜歡的人和事的時候，既不表現出反感，也不討好迎合；面對那些近乎失控的場面和不懷好意的壞人時，既不會怒不可遏，也不會立刻翻臉，而是淡然視之，泰然處之。

其內心可以容納很多自己不喜歡的東西，同時也給自己的教養留足餘地。

到末了，那些看起來如高山一般難以超越的人，終會變成悠悠人生路上的一顆小石頭；而那些看似怎麼熬都熬不過去的坎，到頭來也不過是漫長回憶裡的一枚圖釘。

切記，丟臉的事情，不必弄得人盡皆知。

＊＊＊

沒有人可以一世無憂，也沒有人能夠一帆風順。

不論你多麼聰明也不能避開世間所有的煩心事，不論你有多大的本事也不能解決全部的麻煩。所以偶遇幾個討厭的人、遭遇幾件煩心事是難免的。

樓上四歲半的小屁孩不會因為你想要休息就馬上變得靜悄悄，賣票的大嬸不會因為你心靈美就給你好臉色，排隊的人不會因為你守了秩序也跟著規規矩矩，朋友不會因為你誠實守信就對你一言九鼎，親人不會因為你有難言之隱就全然地理解你⋯⋯

遇到這些難搞的事情，生氣可以，但一定要努力閉上嘴，因為你永遠不知道自己說的氣話會有多可笑。

「氣話」有什麼用呢？無非是，看著別人做了蠢事，而你卻賣力地替他表現出笨蛋的樣子來。

所以在離開的時候，別把門摔得太狠，因為你有可能還要回來；當意見不合的時候，別把話說得太絕，因為你還有可能會後悔。

多一分忍耐，就少幾次後悔，就多幾個臺階；少撂幾句狠話，就少一些難堪，就多一些餘地。

這樣的你才會顯得沉穩。明知道他不喜歡自己，你也不會因此上火；就算他刻意討好，你也不會和他走得太近。

這種讓人羨慕的「沉穩」是旁人理解不了的。他們沒有在孤獨裡泡過，沒有在熱鬧裡燙過，他們能夠看到的只是你肝腸寸斷和狼煙四起平息後的安然。

當你回顧一天，發現自己控制住了「想說廢話」和「想說蠢話」的欲望，並在快要吃撐之前就自覺地放下了碗筷時，你就會覺得生活充滿了僥倖，並且更加踏實。

反正我前半生的人生經驗中，個人認為最重要的一項是「別把自己太當回事」。很多人一輩子都無法逃出這樣的魔咒：自命不凡，卻又無足輕重。

很高興不認識你，也謝謝你不喜歡我

霍姑娘因為攻讀博士，職場生涯開始得比較晚。當她順利地成為一家權威學術期刊的編輯時，已經是三十七歲的「高齡」了。

正式入職才過了半個小時，一位實習的女生跑過來跟她熱絡：「姊，妳看我叫妳姊行不？雖然妳看起來跟我媽媽差不多，但我感覺叫姊親熱一點。」

霍姑娘跟我回憶了她當時的情緒波動：「一口老血噴湧到了喉頭，但還是被理智壓了下去，畢竟，跟一個小姑娘發火有失體面。」

「但是，」霍姑娘咬著後槽牙說，「當時的心理陰影面積足足有九百六十萬平方公里。」

不會說話的人，讚歌都唱得五音不全，馬屁能拍到馬臉上。

後來相處的時間長了，霍姑娘發現這個實習生的情商簡直低到了「喪心病狂」的地步。

同事A懷孕五個月的時候不小心流產了，她過去安慰人家說，「現在的小孩子都沒心沒肺，沒了就沒了吧，妳就當作少養了一個禍害」。然後一臉天真地說：「我要是妳，我就會慶幸自己沒有孩子。」

同事B家裡進了賊，被偷了個精光，她跑過去安慰人家說，「舊的不去，新的不來」，末了還要補一刀：「不就是損失些錢嗎？至少你還活著啊！」

同事C要去澳洲旅行，前一天跟大家話別，這實習生幽幽地問了一句：「你明天的飛機該不會像馬航那樣消失了吧？」

同事E穿了一件米黃色的長裙，大家都齊聲說好看，結果她上來就是一句：「哇，好漂亮的屎黃色！」

她強行地在別人覺得很難過的事情上發掘積極的東西，看似是在替別人縫合傷口，其實更像是將傷口掀開，然後往裡面撒鹽。

同時又強行地給美好的事情扣上一個尷尬的帽子，自以為「天真可愛萌萌噠」，其實是情商堪憂，智商奇缺！

我問霍姑娘：「有這樣的同事是什麼體驗？」

她發了一堆捂臉的表情，然後說：「好想把她的嘴巴撕成拖把！」

所謂「交際」，其實就是讓人覺得舒服、覺得被尊重。

所以，你的問題是不會把人逼到要麼尷尬、要麼撒謊的地步，你的關心和評論是基於充分瞭解事實、充分體諒別人。

所以，你不會在別人吃飯的時候聊血腥的電影，在別人憧憬美好明天的時候說未經證實的負面新聞；不會在別人用心備考的時候大談規則的不公和環境的黑暗，更不會在別人甜蜜婚戀的過程中頻繁提及單身主義。

如果你沒有經歷別人的人生，就煩請你不要妄加評說；如果你從來都沒想過積點口德，那你就不要怪世界待你刻薄。

凡事多一點敬畏，才有可能建立一個好一點的口碑。而且你永遠不知道，你的隨口一說，很有可能就是壓死駱駝的那根稻草。

和好好說話的人在一起，內心的感受是「我們站著，不說話也十分美好」，可如果是跟不會說話的人在一起，心裡話就變成了「我們站著，永遠不說話，才十分美好」。

換個角度來說，當一兩個人說你情商低的時候，你可以猜測「是不是有人在針對自己」。但如果你發現越來越多的人都在指責你情商低時，請你一定要認真地反省一下，而不是懷疑「會不會是現在的騙子越來越多了」。

當一兩個人說你嘴賤刻薄的時候，你可以不在意，但如果越來越多的人都因為你的刻薄而厭惡並遠離你，請你首先從自身去找原因，而不是抱著謎一樣的自信去質問別人：「為什麼有人可以忍我，而你不能？」

一個人最大的失敗不是無人問津，而是稍微和你有過交集的人都覺得慶幸——慶幸自己不認識你。

＊＊＊

在雜誌社實習的時候，有個女生比我先來幾個月。她的想法很多，每次討論問題的時候，她都很踴躍。

有一次，大家一起討論「五四青年節」這一期的主題，她搶先發言說：「應該是『迷茫』，要不就是『個性』，或者『張揚』，或者『努力』……」她一口氣說了七八個詞。

主編提醒她：「只能選一個，妳推薦哪個？」她想了想，說「哪個都行」。

那一期雜誌最終用了「努力」，結果反應平平。在總結討論時，她又率先發言了：「我早就說過，要用『個性』，你們誰都不聽，你看現在好了吧。」

結果是，幾個同事氣得翻白眼，而她還一臉的得意，就好像她早早就預測到了結局，而大家不過是齊力做了一件蠢事。

其實，不管當初她是怎麼說的，也不管當初是聽從了誰的建議，一旦結局成了不滿意的既成事實。她一定會跳出來說，「你看，我早就說過」。因為這句話一說出口，就好像她是團隊中唯一的智者。

「馬後炮」最擅長的，不是找出「問題出在哪兒」，也不是想著「怎麼解決」，而是要充分地、明確地告訴別人，「你錯了，而我早就知道」。

「馬後炮」的突出特點是：先讓別人試錯，再讓自己得意。

他最擅長的是推卸責任。所以，在決定之前，他不會保證什麼，也不敢肯定什麼，但在結局產生之後，他肯定會去貶低那些拿主意、做決策，以及執行的人。

他最喜歡的是譁眾取寵。因為沒有一錘定音的本事，也沒有擔責的勇氣，所以在事後輕鬆地說一句「你看，我早就說過」，這就更加顯得自己聰明了。

對於「馬後炮」來說，他想表達的意思是，「你看我多有遠見，所以你該多聽我的話，否則你早晚還會吃虧」。但對於聽者來說，他能感受到的卻是幸災樂禍，是落井下石。

比如，「我早就說過，不要和他結婚，他一看就不是什麼好人」，這句話的感覺是，「你現在後悔就是你活該」；「我早就說過，不要走那條小路，一看就不好走」，這句話的感覺是，「你弄了一身泥就是你自找苦吃」；「我早就說過，讀書的時候要用功」，這句話的感覺是，「你現在工作辛苦就是你咎由自取」。

在生活中，這類人也很常見。

比如，馬上要進行一場比賽，開賽之前，他一言不發，比賽剛一結束，他就要出來搶戲，「你看吧，我早就說過，這個隊會贏，一臉的冠軍相」，或者，「我早就說過，要把他給換下去，教練真是太差了」。

比如，你在做一件很有挑戰性的工作，在開始之前，既沒人反對，也沒人支持。當你做成了，就會有人跳出來說，「我早就說過，這件事就該這麼做」；如果你搞砸了，也會有人說，「我早就說過，這事情不能這麼做」……

唉，事後諸葛亮，事前豬一樣。

就好比說，有很多人都稱讚馬雲的成功是其智慧和遠見造就的必然結果，但在一九九〇年代，他卻被很多人視為「騙子」，因為當時幾乎沒什麼人聽說過互聯網（網際網路）；又好比說，有很多歷史學家都說「第一次世界大戰」是必然發生的歷史事件，但在一九一四年，幾乎沒什麼人擔心過，因為在當時這聽起來很荒唐。

換言之，遠見要用在指導未來上，而不是用在挖苦過去。

要避免做「馬後炮」，最好的方法是把自己的想法寫在紙上。關於老闆的決定，親人的強求，朋友的選擇，職業的方向，科技發展的趨勢，球隊的成績等，然後時不時地用既成事實和自己的預測進行對比。

你會慢慢意識到，自己其實是一個非常糟糕的預言家。

我的建議是，如果一開始你就有不同意見或者預判，但別人沒有接受或者重視，而你意識到了自己無力左右，那就由著別人去吧。

如果將來的某一天，他突然推翻了自己的意見，或者事實證明他當初的判斷是錯的，這時候你就不要再理直氣壯地說「看吧，我早就說過……」，而是要反思一下：為什麼自己沒有說服力？

你當初是說了，但別人沒聽，這就等同於你什麼都沒說。「說服不了別人」和「你根本就沒說」，其實是一個意思。

＊＊＊

一個女生在失戀之後找一個男生聊天，他們從前說過的話加起來不超過三句，但最近一個星期，聊得很火熱。女生逐漸平復了情緒，然後就對男生愛理不理的了。男生於是找我訴苦說「感覺被人利用了」。

我問他：「你該不會是喜歡上她了吧？」

男生說：「真的不是喜歡，就是互相傾訴了很多祕密，以為是個不錯的知心朋友。沒想到會突然變成現在這樣。」

他大致描述了一下現狀。上午發的訊息，女生往往是晚上才回；週末發的訊息，往往是週一才回。

男生曾寬慰自己，「可能是忙別的事情」，可一點開朋友圈就能看到女生的最新動態以及熱鬧的評論互動，就像是二十四小時都在線上。

男生也問過女生「為什麼這麼晚才回訊息」的問題，得到的答覆竟然是，「啊？我沒有回覆你啊？我以為我早就回了呢」。

我說：「你只是做了一個星期的止痛藥而已，就該做好『病好痊癒後，藥會被收起來』的準備。」

在通訊發達的年代，很多人都得了一種叫作「意念回覆」的病。看到訊息了，腦袋會閃過一些念頭，可最終沒有回覆。等到你去問他的時候，他就傻呼傻呼地說：「啊，原來我沒有回你啊！我以為我早就回覆了呢！」

其實，這不是病，很有可能是你在別人那裡已經不重要了。

有人可能會解釋說，有些朋友是可以不用回覆的，有些訊息是可回可不回的，有些時候是沒想好怎麼回……

可如果是越來越頻繁地不回覆，越來越長久地不回覆；如果是這邊不理不睬地晾著你，那邊堂而皇之地發著朋友圈或微博呢？

不要自欺，也不要欺人。你回頭想想，「自己發出去的訊息被人秒回」和「自己發出去的訊息跟沒發一樣」的感受是多麼懸殊？你也不妨問問自己，在離了手機就寢食難安的年代，你事實上錯過了幾則訊息？

要我說，如果兩個人的關係已經到了連回覆一則訊息都會覺得「沒必要」的程度，那這段關係也勢必到了沒必要費心維繫的地步。

東野圭吾在《解憂雜貨店》裡有一段精妙的描述：「人與人之間斷了交情，並不需要什麼具體的理由。就算表面上有，也很可能只是心已經離開的結果，事後才編造出的藉口而已。假如心沒有離開，但關係破裂了，那麼他就會來挽救。如果沒有，說明其實關係早就破裂了。」

對於一個心已經離開的人來說，你的關心問候就像是太陽底下點的蠟燭，他都看得見，卻真的不需要了。

朋友很重要，有人說了，「跟著蒼蠅能找到廁所，跟著蜜蜂能找到花朵」。但友情很脆弱，可能一次怠慢就有隔閡了，可能一次誤會就分道揚鑣了，可能一次別離就再也沒見了。

命運就是這樣，不論重複幾次，你和他還是會毫無緣由地遇到，然後義無反顧地分開。即便如此，也不要說「失去」了誰，或「擁有」了誰，畢竟，大家都是向命運借來的，早晚都要還回去。

本來就是各有各的前程，何必綁著彼此討要緣分？

若是喜歡，盡情喜歡；若是討厭，盡情討厭。

關於交情，最好的心態是，珍惜那些願意留在身邊的，尊重那些願意交心的，至於其他的，敬請錯過。

多一點自知之明，少一點自作多情

和耗子認識超過十年了，他做了很多讓我佩服的事情，包括讀博士班時申請到了某國名校的全額獎學金、隻身一人從北京徒步去了一趟西藏，以及一頓吃下了三十個包子……但最讓我佩服的是他當著全校師生的面，向暗戀多年的校花表白了。

大學時的耗子很自卑，腿短、臉長，家境一般，不論是顏值還是才華都很普通。他常常自嘲道：「一百七十五公分的身高，一百五十七公分的臉；別人是一笑傾城，我是一笑『屠』城。」

可遇見校花之後，耗子就像是著了魔。每天離開寢室前，他都要預演一遍見到校花時該說的話，該做出的表情，但從來沒有用過；每天睡覺前都要瀏覽一遍校花的微博和朋友圈，但從來沒有按讚和留言；逢年過節也會編一大段祝福的話，然而都刪了……

他深感自身的卑微，甚至連偶遇都覺得是在冒犯。

自卑的人一旦有了心儀的對象，那感覺就像是矮人愛上了精靈，就像是凡人愛上了星辰。

直到大學畢業的散夥飯上，耗子才鼓起勇氣和校花說了第一句話：「妳好，我能跟妳合個照嗎？」校花笑著點了點頭。

合照之後，耗子腦袋裡一片空白，他不知道該說點什麼，竟然冒出了一句「謝謝」，校花詫異地看了耗子一眼，然後回了一句「不客氣」。

「不客氣」這三個字是整個大學四年裡，校花對耗子說的唯一一句話。這一丁點的交集在耗子往後的求學生涯中被回味了無數遍，他經常幻想，要是自己長得再帥氣一點，大學時代應該就有勇氣去表白了；要是家境再優越一些，畢業那天就敢邀請她去看場音樂會了……但最終，這些幻想都被一句「像她那麼好的人，我哪裡配得上」給澆滅了。

或許，只有經歷了這樣一段小心翼翼的暗戀時光的人，才能深刻地感受到，自卑和幻想會猖狂到什麼程度。

或許，只有這樣毫無指望地喜歡過一個人，才會確切地領悟到，什麼叫作「平民生活的英雄夢想」。

心裡沒日沒夜地翻著驚濤駭浪，整個世界卻全然不知。

在遇見校花之前，耗子自稱是「嬉皮笑臉的悲觀主義者」——愛笑、很宅，經常鬱鬱寡歡。凡事他都「做最壞的打算，想最壞的結果」，凡事只求「差不多就行」。他覺得自己這輩子「差也差不到哪裡去，好也好不到哪裡去」。

而那之後，他依然自卑和敏感，卻不再給自己設限。他照舊會考慮事情「最壞的結果」，但他也想知道「盡最大的努力了，最好能怎樣」；他更逐漸覺得自己這輩子「不只是現在這樣，也不該是現在這樣」。

校花成了耗子心裡那個美好得近乎耀眼的存在，在後來那段無人問津的求學生涯裡，耗子匍匐在她的影子裡，卑微著，也兀自努力著。

直到前年，耗子被高薪聘請回國，直到他的學術論文頻繁見於各大期刊，直到他在母校的慶典上以「優秀畢業生」的身分做演講時，臺上的他才突然意識到，自卑的毛病竟不藥而癒了！

他這才明白：自卑的根源不在長相或者出身，而是沒有什麼拿得出手的本事，沒有什麼具備競爭力的優點。

下了台，耗子徑直走到校花面前，他向校花表白了：「妳好，我喜歡妳，很多年了。」

校花一臉詫異，然後客套地回了一句「謝謝」。

耗子也笑了，說：「不客氣。」

此時的耗子無比坦然。對他來說，結果已經不是最重要的了，最重要的是，他有底氣去追逐星辰了，而不再是像從前那樣，只是躺在草地上仰望。

所謂「有自知之明」，不是用短處把自己嚇唬住，不是用弱點逼自己打退堂鼓，而是讓你意識到差距的存在，讓你知道該採取行動縮小差距，而不是在幻想一番之後，或繼續消沉，或自覺消失。

所以，不要急著說「歲月靜好」，也不要急著宣布「命中註定」。不諳世故的超然物外都是虛偽的，不經爭取的放棄都是可恥的。

你盡了全力，才有資格說「運氣不佳」；你努力變優秀了，才有資格說「配不上誰」。

否則的話，你的不敢只是因為你的不爭——你只不過是為自己長時間的不思進取找了一個看似合理的藉口，然後把心裡的衝動和美好一點點地荒廢掉，最後將不如己意的生活歸咎於命運。

所以，如果你正毫無指望地喜歡著一個特別優秀的人，就不要對自己沒有要求。與其在年紀輕輕的時候隨隨便便找個人「湊數」，不如好好利用這種落差來逼自己更優秀。

如果你目前沒有喜歡的人，那就更要努力變優秀，以防哪天遇到了，只能狼狽和後退。

不想吃天鵝肉的癩蛤蟆不是好蛤蟆！

＊＊＊

如果成年人戀愛有指南的話，最重要的一項應該是：心裡要有點兒數！

才上了半個月的健身課，虹姑娘就覺得自己戀愛了。她私訊跟我說：「我覺得我們帥氣的教練對我有意思。」

我問：「比如說？」

她說：「每天晚上結束課程之後，他都會送我到健身房門口，目送我上車；我到家之後跟他說每天的心得體會，他都會逐項替我分析；入睡之前跟他說『晚安』，他也會回覆我。」

我說：「就這樣？他送妳出門、回覆妳的消息，難道不能理解為：只是基於紳士風度，或者是一個商家對顧客的優質服務？」

她沒有再說什麼，大概是因為她想要得到肯定的分析，不料被我潑了冷水。

又過了半個月，虹姑娘又來私訊我。大意是，她很難過，因為她向教練暗送秋波，而對方總是假裝不知道，精心製作的飯糰，都被教練分給大家吃了。

在一次聚餐上，虹姑娘藉著酒勁，直白地說出了「我喜歡你」，教練先是一愣，然後笑呵呵地說：「妳是我的學員，我也喜歡妳啊！」

我問她：「所以，妳還是覺得他對妳有意思？」

她說：「應該是啊，那麼多學員，他對我最好了。我約他吃飯，他有時間的話一定會來；有好看的電影，他也會推薦給我。」

我說：「普通朋友也可以這樣，擅長社交的人可以跟任何人吃飯、看電影啊……這根本看不出來是喜歡，連示好都算不上。」

她說：「可是，可是我很喜歡他！」

我說：「喜歡一個人是妳的權利，但不代表被妳喜歡了，所以他就虧欠妳什麼。」

其實我想說的是，如果你能早點兒認清你在別人心中沒那麼重要，你會快樂很多。都是大人了，誰都不是傻子，你的小心試探和種種套路很容易被識破的，如果他沒有很熱情地回應你，就相當於是委婉地拒絕你。

至於那些拿來說服你自己、說服死黨和閨蜜、用來證明「對方其實是對自己有意思」的蛛絲馬跡，拜託你不要逢人就說了。

殘酷的真相是：只有那些為非作歹卻又拒不承認的事情，才需要用蛛絲馬跡來確認。

現實中的喜歡，往往都是很明顯的。就像美國電影《他其實沒那麼喜歡妳》裡的那句經典臺詞：「如果他被動、矜持，那說明他沒那麼喜歡妳。在整個人類歷史進程中，任何一個男生都會為了接近喜歡的女孩而不在乎斷送『友情』。」

所以，不要編造謊言來麻痹自己了。什麼「也許他不想破壞我們的友誼」「也許他害羞」「也許他不知道怎麼聯絡我」「也許他正在忙正事」……

真實的情況是，除非他不想找你，否則的話，在通訊方式如此發達的今天，他不可能找不到你的聯繫方式的。

除非他就是不喜歡你，否則的話，在你敏感、真誠、熱烈的關注之下，他不可能把愛意藏得那麼深。

需要用顯微鏡才能看見的愛情，不是微不足道，就是根本沒有。

最後特別提醒一下，當你發覺自己跟一個人非常聊得來的時候，不一定是你們聊得有多投機，或者價值觀有多一致，還有可能是：對方比你更聰明，或者更擅長社交！

當你遇到一個人，他能理解你的處境、尊重你的觀點和信仰、和你打成一片，讓你覺得很舒服的時候，不一定是他對你有意思，還有一種可能是：他待人禮貌，很有教養！

所以，你還在為朋友圈裡某個人或是禮貌，或是習慣，又或是昧著良心的按讚而沾沾自喜嗎？

＊＊＊

有一個值得深思的「笑話」。

說是A的親人在大街上受了傷，血流如注。在救護車趕來之前，A站在路邊向路人求救，此時B出現了。他一邊擠開圍觀人群，一邊喊著：「都讓一讓，都讓一讓。」

就在B準備施救的時候，A問道：「你是醫生嗎？」

B說：「不是。」

A又問：「哦，那你是學過搶救方面的技能吧？」

B繼續搖頭，然後很誠懇地對A說：「我是一個好人，我從來不說髒話、假話，我上班從來不遲到，我對父母孝順，而且非常知足。對了，我還有一隻養了六年的巴哥。」

A聽蒙了，「那你來幹嘛？你會搶救嗎？」

B說：「我不會搶救，可我是一個好人！」

剩下的事情，你完全可以腦補出來：A可能將B當作「神經病」，然後大聲喊著「滾開」。B可能理直氣壯地回應A：「你怎麼這麼膚淺，難道你就不相信我有這些優良的品質嗎？你為什麼要咬著『不會搶救』這件事情不放呢？」

我想說的是，生活很現實，愛情更現實。當你在對方面前不被重視、不被在乎的時候，你可能就是上面笑話裡的B，再多的喋喋不休也掩蓋不了「你無法吸引對方」的事實。

這裡所謂的「吸引」，就是你的顏值、教養、幽默感，也包括了家庭、背景，或者性格。如果你認定了「非他不可」的話，那你就得想一想：對方會需要什麼，自己又擁有什麼。

想對一些女生說，男生喜歡身材好、愛打扮的女生沒什麼不對的，如果他們喜歡明眸皓齒、秀外慧中的女生，妳不是一樣沒機會？妳該不會是以為，男生就得喜歡妳這款，才叫有品味吧？

想對一些男生說，女生喜歡顏值高、說話有趣的男生也沒什麼不對的，如果她們喜歡腰纏萬貫、學富五車的男生，你不是照樣沒機會？你該不會是認為，女生就得喜歡你這樣的，才叫有眼光吧？

好看、聰明、風趣、雄心勃勃或者技壓群雄，如果你一項都沒占上，就別怪他人瞧不上你。

不要告訴我，你最大的優勢是：「我是個好人。」

殘酷的現實是，有些東西打了折扣，你照樣買不起；有些人把眼光放低，也照樣看不上你。

不要因為喜歡一個人，而刻意展示那些自己本就不具備的品質，也不要因為被一個不喜歡自己的人傷害了一下下，就認為自己一無是處。在感情的博弈中，不要盲目樂觀，也不必刻意渺小。忍受他人的缺點，不見得是美德，但慣著自己毫無長進，卻是另一種形式的不道德。

怕就怕，你喜歡的那個人，最初是沒有擇偶標準的，卻因為認識了你，居然知道了

「什麼類型的不能要」。

怕就怕，你中意的蓋世英雄，趁著哪天心情好，披上了金甲聖衣、踩上了七彩祥雲，卻是來和你擦肩而過的。

窮在鬧市無人問，富在深山有遠親

論膽量，張曼肯定是我認識的人當中最膽小的那位。她怕黑、怕狗，怕一切怪異的聲響。即便是住在武漢最繁華的地帶，她也時常擔心會有什麼虎豹豺狼從遠山上跑來，躍過圍牆，潛伏在小區裡，然後在深夜爬上五樓，將她叼走。

但論賺錢，張曼則是我認識的女生當中最拚命的那個。不論是股票、基金，還是債券，但凡是與賺錢相關的事，她都算得上半個專家。即便她現在已經在武漢擁有數間房產，她還在拚了命地賺錢。

我原以為，像她這個年紀的女生，膽小是因為沒經歷過什麼苦難，賺錢是為了買買買，熟悉之後我才知道，她膽小恰恰是因為經歷太多，她拚命賺錢是因為「窮怕了」。

在她上小學的時候，爸爸經營的是一家零售批發的小店，客戶常年賴帳不說，親戚朋友還喜歡賒帳，常常是拿了東西就丟一句「先記帳上吧，過兩天給你送錢來」。然後所謂的「過兩天」，一拖就是好幾年。

最慘的那幾年，媽媽重病卻無錢可醫，爸爸只好帶著她四處去要帳，以致那幾年的除夕，她都是在別人家的門口站著。

「那幾年，我才真正地理解了『窮在鬧市無人問，富在深山有遠親』是什麼滋味了。」她回憶說：「要帳的時候，外面冰天雪地，屋裡花天酒地。我站在寒風裡，與屋內的溫暖場面顯得格格不入，就像個乞丐，站在金鑾殿外。沒有人會邀請我進去，就像沒有人邀請我來一樣。」

膽子就是那時候被嚇破的。她說：「很多人家都養了狗，那些狗仗著主人的勢，見到陌生人就亂撲亂叫。那是我童年的噩夢，並一直延續至今。」

「爸爸更慘，他那個年代的知識分子，骨子裡都清高，竟然要彎下腰去對欠他錢的人說軟話。」

她永遠記得爸爸當年求人的話，她模仿道：「我也是沒辦法了，救命的錢，要不然也不會除夕來麻煩你」「你看，我女兒就在門外面等著，過了年還要繳學費的」「你多少結一點吧，要不把前年的帳結一部分也行」……

那時的她就有了這樣的想法：有錢不一定是快樂之源，但沒錢一定是痛苦之源。

大學畢業之後，她隻身一人到武漢打拚。第一份工作是最不招人待見的銷售，儘管受盡了白眼和不耐煩，但當時的薪水也只夠付房租和起碼的溫飽。

有一次，她請客戶喝了一杯咖啡，結果心疼了好半天，因為那幾乎是三天的飯錢；

平時同事請大家吃飯，她從來都不敢參加，因為擔心回請不起；遇到了心儀的男生，她從不會表白，因為自卑……

貧窮真正可怕的地方，不只是物資上的匱乏，還包括精神上的窘迫。它會將你用力掩飾的卑微放大，使你不得不小氣，不得不放棄，不得不孤僻。

直到她由一個底層銷售員坐上了區域經理的位置，直到她從瑜伽墊都放不下的小出租屋裡搬進了寬敞明亮的公寓裡，直到她的存款由三位數變成了七位數……她才逐漸感受到了什麼叫「尊重」，她覺得這種感覺超爽。

她說：「如果非要從曾經的那些艱難、尷尬的事情中挖掘出意義，我能想到的是，它們時刻都在提醒我保持努力，提醒我要對自己的靈魂負責，提醒我要有尊嚴地活著。」

窮則思變，弱則思勤；有錢隨意，沒錢努力。生活從來都是這麼殘酷又直接。

隨著時間的增長和眼界的開闊，有的人在慢慢覺察出來的不公平情緒裡變得越來越喪氣，既失去了造夢的能力，也失去了逐夢的熱情；有的人在煩心事鋪天蓋地而來的時候，毫無招架之力，只能是一邊憤世嫉俗，一邊怨天尤人。

只有極少數人，能將賺錢視為緊迫而光榮的事情，所以他們有底氣和韌性去承受命運給自己的「玩笑」，就算偶爾也會很慘，但不會慘兮兮。

記住富蘭克林的話，「錢包空空的人，直不起腰來」。

怕就怕，你不僅窮，而且玻璃心、沒擔當，還很懶惰、無聊……由於你的缺點多如繁星，窮反倒成了眾多缺點當中最純潔、最容易被人接受的了。

＊＊＊

在一堂關於「人工智慧」的公開課上，主講人正滔滔不絕：「人工智慧的特長之一是預測，這有什麼用呢？打個比方說，透過你平時的消費習慣，距離你最近的超市能夠大致預測你近期需要採購什麼。如果這家超市和你們家的智慧冰箱取得了聯繫，那麼在你發出採購指令之前，超市就會早早地將你最喜歡的鮮奶送到你的家門口。酷吧？」

說到這裡的時候，她故意賣了個關子：「大家想一想，人工智慧時代最要緊的事情是什麼？」

底下有人喊：「要保護好個人資訊。」

她笑著搖搖頭說：「要有錢。」

主講人叫柳茹，一個集智慧、美貌與樂觀於一身的女子。她的簽名檔寫的是：「錢是底氣，美是底線。」

不管去哪所學校做演講，她都會向學生強調：「畢業以後，相由『薪』生。」

把時間往前推五年，算得上「家徒四壁」的柳茹正面臨著人生中最艱難、最絕望的選擇：她的媽媽被確診為肝癌晚期，這是她世上唯一的親人。

醫生給出了兩種選擇：一是花錢續命，二是放棄治療。前一種選擇的後果是她需要負債超過三十萬元人民幣，後一種選擇的後果是她馬上變成孤兒。

想必很多人都會說，「當然是花錢續命」，柳茹也毫不猶豫地選了這個。

緊接著，出現了第二個選擇題：一、用一萬多人民幣一針的進口藥，但不能用醫療保險，好處是病人的反應會很小；二、用一千多人民幣一針的國產藥，好處是可以用醫療保險，但會出現嘔吐、掉髮等劇烈的不良反應。

很多人又會很輕鬆地說，「當然是用進口藥」，沒錯，柳茹也是選的這個。

大約熬了四個月，所有的積蓄、借款都用光了，所有的親戚都躲著她走，她在醫院的廁所裡哭得撕心裂肺。

再回憶起當時的艱難，如今已經小有成就的柳茹還是會不由自主地流出眼淚。她說：「貧窮最大的問題，是在人生的關鍵節點上，讓我失去了保護至親的能力。」

想起馬薇薇說過的一段話：「人生大致有三種類型的選擇題：一是，兩個選項都是對的，所以無所謂，選哪個都很爽；二是，一個選項對、一個選項錯，這也沒問題，選錯了就當是自己傻；三最難，因為兩個選項都是錯的。」

窮得越久，就越容易遭遇第三種類型的選擇題。

因為窮，很多時候是沒有正確選項的。

金錢就像是包裹這個功利世界的脂肪，它能幫你緩衝厄運的打擊、減少失望、降低傷害，甚至能幫你留住親人與愛人。

一旦你的錢包癟了，你就會迅速地感受到來自貧窮的悲哀。

錢確實不是萬能的，但不爭的事實是，錢可以轟掉生活中半數以上的攔路石。

當你遇到喜歡的人的時候，你有足夠的底氣去表白；當你不準備結婚的時候，你有信心等等看、慢慢挑，敢把催婚的話頂回去。

當你的爸媽漸漸老去的時候，你有時間和機會盡孝；當你看到喜歡的東西時，你有機會馬上拿下它。

當你受夠了老闆的氣的時候，你有膽量說「我不幹了」；當你被生活折騰得疲憊不堪的時候，你能夠隨時開始一場說走就走的旅程。

而不是，明明喜歡這件衣服，卻不得不買另一件更便宜的；明明喜歡這份美食，卻不得不點另一份有優惠券的；明明對這款包包喜歡得挪不動腳了，卻不得不狠心地忘了它；明明早就想去旅行了，卻不得不一次又一次地找藉口說「等有時間了」；明明已經氣得滿屋子砸東西了，卻不得不小心地避開所有值錢的東西……

我的建議是，不論你是君子還是女子，「愛財如命」永遠沒錯，但一定要記得「取之有道」，不是「張著嘴巴，等人來餵」，也不是「把腦袋一歪，靠到誰算誰」。

前半生再安逸、再放肆，下半生還是要靠金錢、靠本事。

你已經是大人了，不要想著到處找遮風避雨的屋簷了，你得成為屋簷！

＊＊＊

你說「不喜歡談錢」，說「談錢傷感情」，可現實情況是，沒錢才傷感情。

你說「要及時行樂」，說「人生不是只有錢」，卻忘了這是有閒又有錢的人才有資格講的話。

你說「長大很掃興」，說「活著沒意思」。可事實上，不是長大沒意思，也不是活著沒意思，是窮著沒意思。

你年輕的時候喊「莫欺少年窮」，中年的時候開始喊「莫欺中年窮」，到老了又喊「莫欺老年窮」，最後再來一句「死者為大」，你這輩子也就這樣心高氣傲地過完了。

在最容易了不起的年代，你只能眼睜睜地看著別人了不起；然後在最容易賺錢的年代，成了最容易被別人賺走錢的人。

於是，在為數眾多的省錢妙招中，你最常用的一招是「不買了」。

於是，聽著服務員報完帳單，問你是現金還是刷卡時，你恨不得問一句：「能刷碗嗎？」

於是，從來沒有機會去體會「有錢真好」，卻常常無奈地說：「有錢，就好了。」

你抱怨團購的體檢服務太差，卻忘了當初的首要目標是「盡量少花錢」；你數落朋友待你輕薄，卻忽視了在交際中與人禮尚往來；你哀嘆無法用金錢買到幸福，卻忘了自己其實並沒有什麼錢……

你在離家幾千幾百公里遠的城市裡打拚，本是個無拘無束的人，卻常常選擇了「宅」。不是因為沒有朋友，不是因為性格內向，不是討厭熱鬧或者討厭都市生活，常常只是因為「沒錢」而已。

你看，貧窮使人安分守己。

絕大多數人的想法都雷同，都希望在不那麼費心費力的前提下，突然出現一個契機，然後自己的人生突然變好，從此順風順水。可惜的是，夢做得再美，也終究是夢而已。

要想過自己想要的生活，就要從自憐的情緒中走出來，把精力用在努力賺錢上，而不是幻想或者抱怨。至於那些天天宣稱「生活與錢無關」的人，你也大可不必花費腦細胞去反駁他們，因為他們可能真的不缺錢，但你缺。

面對貧窮帶來的暴擊，我真心不建議你感謝這種苦。你應該感謝的，是有尊嚴、有追求的你自己——哪怕三天沒吃飯，也要裝個賣米漢。

更重要的是，你還要做好這樣的心理準備：靠自己賺錢是一條註定孤獨、辛苦的旅程，「酷」是假的，「慘」是真的。

熬過去了，你就是光芒萬丈的涅槃鳳凰；熬過去之前，你可能就是別人眼裡的「笨蛋大飛蛾」。

你什麼都看不慣，可什麼都解決不了

命運的殘酷性體現在了哪些方面呢？我猜至少有這樣一個：就是給了一些人與能力不相配的欲望。

有個在銀行上班的男生私訊問我：「老楊，怎麼出書？」

基於「好為人師」的天性，我開始熱心腸地跟他講出版的流程和注意事項，結果他突然打斷了我：「不是這些，我是問你怎麼靠寫東西賺大錢。我太討厭現在的工作了，無聊不說，周圍的人還虛偽、狡詐，時不時給我挖坑。不像你們寫東西的人，安安靜靜地做自己的事，而且賺得還不少。」

我當時覺得自己的下巴都快要驚掉了，反問道：「誰說出書比在銀行上班要容易了？」

他說：「難道不是嗎？我看每年的『作家富豪榜』上的人，他們的年收入都是幾百幾千萬元人民幣。」

我回覆道：「每個行業從業者的收入都分三六九等。能進榜單的那是暢銷書作家，他們的身後可能有幾百幾千個滯銷書作家，而每個滯銷書作家身後有幾百幾千個沒機會出版書的作者，而每個沒機會出版的作者身後又有幾百幾千個攢了一堆日記、手稿和想法的寫作愛好者。」

他還是心有不甘：「那也比在銀行上班舒服。我在這家銀行堅守了三年多，一次晉升的機會都沒撈著，這還不算，平時還要和同事勾心鬥角，你覺得我還有必要留下嗎？」

我回答道：「我無法判斷你該不該留下，因為任何行業都有難處和好處。但我的個人經驗是，如果你不能在現在的崗位上打怪升級，做出一點優於常人的成績來，那麼去別的行業或者部門，估計也會很難受的。」

他替自己解釋了一下：「我其實是很上進的，之前想過報進修班提升能力，也想找前輩拜師學藝……只是有個初步計畫，具體還沒有準備好。再加上這裡的氛圍是大家都不怎麼上進，天天混日子，要不是我內心強大，估計早就和他們一樣了。」

我回覆道：「你先上進了再說，先按計劃執行了再自稱與他們不同吧！」

人性的糾結之處大概在於：因為懷疑自己不是璞玉，所以沒辦法盡全力去自我雕琢；又因為偶爾覺得自己是塊璞玉，所以無法容忍自己與碎石沙礫為伍。

你所謂的「初步計畫」，更像是坐在井裡仰望天空，然後搜腸刮肚地思考著人生的捷徑，事實上卻是寸步未行。

你所謂的「沒有準備好」，更大的可能是「你準備好了也不敢行動」，就像那些自稱「沒有時間學習」的人，往往也是「有了時間也不會學」的人。

你所謂的「我內心強大」，更像是一個不倒翁，任憑別人怎麼打擊都不會倒下，但同時也沒有一丁點的長進。

初入職場的人特別容易滋生「看不慣」的情緒。

比如，你最初是在公家單位，因為看不慣那裡低效與碌碌無為，所以轉行去了外商公司；又因為看不慣外商公司的壓力大，所以選擇了安穩的國營企業；可到了國營企業又看不慣那裡複雜的人際關係，轉身又去了私人企業；進了私人企業卻發現制度和管理到處都是問題……

看不慣的人和事越多，就越能說明一個問題：你並不適應這個社會。

對於沒有背景和天賦的普通人來說，最好的策略是：一邊忍耐，一邊努力。

借用《惡之花》裡的一句話就是：「為了掙得餬口的麵包，你應該像唱詩班的孩子那樣，唱你從不相信的讚美詩。」

你只有攢夠了資本，才有可能離開你看不慣的圈子。怕就怕，你有一顆王子的心，無奈卻是管家的命。

換言之，人生往往要走兩條路：一條是你必須走的，一條是你想走的。你首先要把必須走的路走漂亮了，才有機會去走想走的路。

怕就怕，你只顧著高屋建瓴，說什麼大格局，卻絲毫沒有實際行動，相當於原地踏步。

你就像是一隻蛐蛐叫個沒完，滿腦子裝的是自由，是個性，是高大上，表現出來的是不滿，是不屑。可你光顧著寄希望於未來或者某個巧合、機遇，結果差點餓死在冬天。

事實上，當你看不慣一個人或者受不了某個環境的時候，是有五個選項擺在你面前的。

一，你有本事，有手段，所以能夠讓看不慣的一切都變成你喜歡的樣子。

二，你沒本事改變它，所以你自覺地從它面前消失。

三，你沒本事改變它，但願意改變自己，盡量去適應它，等變厲害了再換個更好的環境。

四，你沒本事改變它，也不想改變自己，但有強大的「忽視能力」，可以做到無所謂。

最慘的是選項五。因為你沒本事改變它，也不想改變自己，同時做不到無所謂，所以你留在原地，嘔氣不止。

人類的情緒問題常常來源於兩個方面：一是欲望太多，二是提不起欲望。

欲望太多就會陷入「求而不得」的挫敗感中，像是時時刻刻都在使勁，卻什麼都沒做成，又或者是覺得，做這件事情的時候覺得耽誤了自己做別的事情，所以什麼都沒做。

比如說，你這個月的計畫是提升口語、瘦五公斤、登一次山、回家看奶奶、做五套題目……在執行的過程中，練口語的時候想著登山計畫，回家看奶奶的時候想著練習題，做題目的時候又想著減肥。

結果是，你所謂的「有計畫的生活」事實上變成了紊亂的隨機性行動，你在這一刻的「絕妙主意」完全可以違背上一刻的「堅定信念」。

提不起欲望就會陷入「懶得去做」的無力感中，像是被關進了牢籠，卻也懶得抗爭。

比如說，前一天約好和朋友去自習室，早起就不想去了，就給對方發訊息說「今天有點不舒服，不去了」；每天都計劃要堅持跑步，可事到臨頭了馬上給自己找理由，「今天太累了，明天吧」；想要考證照，想要奪高分，可翻開書，腦子裡蹦出來的念頭居然是「時間多得是，我休息好了再學」……

結果是，你的拖延症成了「頑疾」，懶癌到了晚期。

我想提醒你的是，雖然大家都曾被視為未來社會的主人翁，可等未來到來的那天，有的人確實成了主人，但更多的只是成了翁。

＊＊＊

上大三的K姑娘和室友鬧翻了，跑來找我吐槽。

關於鬧翻的原因，她是這樣說的：「我討厭所有自以為了不起的人。拿獎學金有什麼？長得好看又怎樣，居然還跑來指導我，說希望我也能得獎，說希望我能作息規律……真是太自以為是了！」

我問她：「那妳覺得，怎樣才算是了不起？」

她好半天才回覆我：「做自己就行了，我才不會變成別人喜歡的樣子。」

我又問：「那妳是怎麼做自己的呢？」

她說：「喜歡什麼就做什麼，怎麼舒服怎麼活唄！他們越是希望我上進，我就天天玩線上遊戲追劇，他們越是希望我減肥，我就越討厭鍛鍊。為了讓看我不爽的人越來越不爽，就是我現在的首要任務。不及格又不會怎樣，胖一點又不會怎樣，拿不到獎學金又不會怎樣。是吧？」

我回覆道：「妳這根本就不叫做自己，更像是在『揍』自己。」

你所謂的「有個性」，更像是在任性；你追求的與眾不同，其實是最廉價、最偷懶的「做自己」。

你只是在拿「做自己」為軟弱和懶惰做掩護。所以但凡有誰指出你做得不對，你就理直氣壯地說，「我只是不想跟你一樣」；明明很嫉妒、很自卑，卻又無力超過他們，卻偏要說，「我只是不想要」。

說出「我要做自己」的好處是，它會讓你瞬間覺得輕鬆，但壞處是，你輕鬆地放棄了自己。

在功名利祿面前，你像個聖人，什麼都不屑於要；在權力鬥爭面前，你又像個仙人，什麼都不想要，活脫脫就是一個現代版的陶淵明。

可事實上呢？你不是不想要，而是得不到。於是，相比較大費周章的努力，你選擇了不費力氣的豁達。

到末了，看別人因為成績出色、閱歷豐富、儀表出眾而讓人生一路綠燈的時候，你只能憤憤不平，因為你能寫的「獲獎經歷」只能是「喝可樂的時候中過再來一瓶」。

現實中，這樣的「憤憤不平」很常見。

比如說，昔日的兄弟成了大老闆、昔日的同學成了明星、昔日的情敵成了音樂家……再對比一下平凡而又失敗的自己，很多人第一個冒出來的想法大概是，「這人肯定是有後臺」「估計是靠老公」「有什麼捷徑吧」……

其實你不是不相信他們有能力靠自己變成很厲害的人，你只是想用自己臆想的謊言來安慰自己破碎的心罷了。

但是，這樣想你就能比他們好了嗎？不會的，更大的可能是，你會越來越差。

沒有努力地「做自己」，更像是在躺著說各種主義。可這既不會讓你變成更好的自己，還會讓你錯失很多變好的機會。畢竟，你不可能靠喊口號就能嚇走困難。

你只有把擺在面前的事情一件一件地做成了、做好了，你才有可能接近那個更加理想的自己！

人的固執往往都固執到了骨子裡。對你來說，改變自己，比吵架、分手、絕交，都要更痛苦。所以你寧願選擇終結一段關係，也不願意改變自己。

當然了，你一般是不會承認自己嫉妒別人的，因為嫉妒經常是以「瞧不起」的形式呈現的。別人得獎了、被愛了，都是因為「他運氣好，所以沒什麼了不起」。

問題是，你並不知道別人吃了多少苦頭，而那些苦頭，就算你知道了，也不見得吃得下去。

於是，你的世界裡又多了一個未解之謎——除了「海盜的寶藏在哪裡」「外星人的長相如何」「恐龍滅亡的原因是什麼」之外，還包括「那些討厭的人為什麼都比自己混得好」。

＊＊＊

經常聽到有人在微博上喊，要抵制這個，抵制那個，可他除了會喊口號之外，幾乎幫不上什麼忙。

關於「抵制」，最有意義的做法是：你在努力比他們的同齡人更明事理，更有責任感，更加上進。你的精神比他們的更豐富，你工作和學習比他們更努力，你的未來比他們的更有希望。

多數人的問題都雷同：懶而不自知，知而不能改，改而不能恆。以致有人將普通人的一生劃分成四個階段：「心比天高的無知快樂與希望，愧不如人後的奮鬥與煎熬，毫無回報的憤懣與失望，得過且過的平凡和頹廢。」

你覺得自己到哪一步了？

老師教的是：「書到用時方恨少，事非經過不知難。」你卻活成了：「書到用時發現都是新的，錢到月底了肯定不夠花。」

別人是「大隱隱於世，小隱隱於野」，你是「大隱隱於蹺課，小隱隱於臉皮厚」。你拿了無數屆的「放棄大賽」和「吃垃圾食品大賽」的冠軍。

作為「怕麻煩星球」的常駐居民，你恨不得將答錄語音改成：「您撥打的用戶是社交恐懼症患者，請下輩子再撥。」

你追求與眾不同，因為你覺得那樣很酷。於是，別人都在乖乖學習的時候，你在看最新的小說；別人都在悄悄努力的時候，你在悄悄休息。

我想你可能搞錯了，從你出生的那一刻起，你就已經是獨一無二的存在了。你現在努力追逐的，應該是出色，是優秀，而非「不一樣」。

真正的與眾不同不是放縱，而是優秀，是見識更高明一點，表達更從容一點，實力更出眾一點……這些「一點」疊加起來，你自然就與眾不同了。

怕就怕，每個人都有漂亮的一面，而你是個圓的。

所以，還是要主動去努力啊，否則世界不會主動讓你滿意的，就像你不去敲門，門就永遠不會為你而開。

你可以為自己尋找各種藉口對生活低頭，也可以迫使自己更好地生活。選擇權在你手上。

但我想提醒你的是，你未來的身價取決於你現在「做了什麼」和「做得多好」，而時間會替你回答，「你算什麼東西」和「你值幾個錢」。

所以，多向上學習，少向下白眼。

成長就是這樣，「攢夠本事」或者「擺正心態」，兩樣都不行，就別妄想和這個世界一較高下了。

允許別人和自己不一樣，也允許別人隨便是哪樣

發了個朋友圈：繼「人精」「戲精」之後，社會上出現了一種新型妖孽——「槓精[1]」。

不一會兒，瀟瀟就給我發了私訊：「我可能就是你說的『槓精』，我特別受不了別人的不同意見，特別喜歡較真，特別容易情緒化。當然了，也特別討人嫌。」

她舉了幾個例子。

大三的時候，和室友閒聊，室友說她最喜歡的是《變形金剛》，因為太酷了。瀟瀟馬上說：「它沒什麼情節，還是《忠犬小八》好看，既有人性，又戳人心。」

見室友沒有接話，瀟瀟就花了半個小時搜集了各個影評網站的評分資訊，然後找室友「理論」，「《忠犬小八》比《變形金剛》好看很多倍啊！不信妳看，從評分上比

1　編註：指抬槓成癮的人。

較，《忠犬小八》比《變形金剛》高很多，從故事情節上看，也……」

室友打斷了她的分析，說道：「不好意思，我要睡覺了。」

瀟瀟氣得一整夜都沒睡，第二天還準備找室友繼續爭辯，結果室友當著眾人的面，說她再也不想理瀟瀟了。

還有一次是和男朋友去學校食堂吃拉麵。瀟瀟喜歡香菜，就加了很多，而男朋友卻特別不喜歡。瀟瀟先是抱怨幾句：「你也太矯情了，世界上居然還有人不吃香菜。」然後故意挑了幾根放進男朋友的碗裡，並說道：「你吃下去試試，看你會不會死。」

男朋友把臉往左邊一撇，用沉默表示了拒絕。瀟瀟馬上升級了語氣，「你不吃就是不愛我了」。對方怒視了幾秒鐘，然後起身走了，當天晚上，兩人就分手了。

瀟瀟說：「我至今還記得他後來的簽名檔寫的是，『不要和喜歡吃香菜的人交朋友，他們不挑食，早晚會把你吃掉的』。」

我問瀟瀟：「如果我沒猜錯的話，妳應該不只一次和朋友為了對錯而爭個沒完吧？也不只一次逼著男朋友喜歡妳的個人喜好吧？」

她回覆了一個「嗯」，又補了一句：「可我總是忍不住要抬槓！」

我說：「大概是因為『當局者迷』吧，所以妳忽略了一個事實：那些妳不喜歡的東西，不接受的觀念其實根本就無關緊要。妳看，因為意見不同，妳與好友爭執，結果妳是贏了，但妳們絕交了；因為喜好不同，妳和戀人爭執，結果妳又贏了，但你們分手了……看似贏了所有，但卻失去了生命中最寶貴的東西。妳說這種勝利有必要嗎？」

你受不了不同意見的原因是，在你看來，對方的「錯誤」是顯而易見的，甚至到了「誤入歧途」的地步，你只是想「提醒」對方，讓他接受你的「正確」思路。

換言之，你們不是在對話，而是在說教；不是建議，更像是強迫。

和朋友鬧翻了，與戀人分手了，很多人喜歡用「個性不合」來解釋。其實更大的原因是，在戀人和朋友面前，你的心裡有一種強烈的、難以自制的求勝欲望。

你認為自己的觀點比對方高明，所以對方是錯的，所以對方必須認同自己；你認為自己的喜好比對方合理，所以對方是可笑的，所以對方必須改正並且服氣。

那結果自然是，對方會認為你目中無人，然後理直氣壯地遠離你。

在交際的過程中，期望有時候會變質，變成一種隱形的暴力，就像是強迫或指令一樣，在無言地要求對方順從自己。

最好的心態是：喜歡的東西照常喜歡，但允許自己暫時無法擁有；反對的事情依然反對，但允許它們存在。

生活中難免會遇到那種臉上寫著「我最正確」的人，在他看來，誰要是違背了他的心意，誰就有壞心眼；誰要是拋出與他相左的意見，誰就是故意為難他。

他每天的心路歷程是：「你居然不認可我」「你居然跟我抬槓」「你那麼說是在攻擊我」「好吧，我要和你死對頭到底」。

問題是，當你發現別人沒有接受你的意見，就立刻發火、視其為壞人時，你其實已經變成了你討厭的那種人。

與此同時，情緒化暴露了你內心的孱弱，表明你對自己的觀點是不那麼確定的。不信你回頭想想，最激烈的爭論往往發生在雙方都提不出充分證據的時候。

羅素曾說：「如果你一聽到與自己相左的意見就發脾氣，這就表明，你已經下意識地感覺到『自己的看法沒有充分的說服力』。如果某個人硬要說『二加二等於五』，或者說『冰島位於赤道』，你只會感到憐憫，而不是憤怒。」

我的建議是，把精力用在增長見識和本事上，而不是用發脾氣的方式去要求別人跪下。不如停下來，反省並自察一下，也許你很快就會意識到，自己的判斷並不是那麼的合情合理，自己的結論並非那樣的天衣無縫。

你有想說什麼就說什麼的自由，但別人沒有和你一樣的義務。

相處不累的關係是——積極地支持對方，愉快地各執己見。

沒有人反對你，你的世界就永遠只有那麼一點大；沒有人對你說「不」，你是永遠都長不大的。

當你的腦袋裡儲存的事理再多一些，對別人的輕蔑就會少一些；當你手裡的本事再多一些，別人與你辯駁的底氣也會少一些。

一個善意的提醒——某個時候，當你下定決心不喜歡某個人時，很有可能是因為他不希望你喜歡他。

＊＊＊

想起了一部名叫《屍速列車》的韓國電影。

電影講的是一場神祕疫情的爆發，讓城市陷入了危機之中。感染了病毒的人會呈現出「喪屍」的狀態，並透過撕咬他人而快速傳播病毒。

喪屍的特點是，不分青紅皂白，一旦看見和自己不一樣的人，就會衝上去撕咬，直到你和他們一樣了，你才能得到認同，才有容身之地。

現實當中，一個事事、時時都看不慣別人的「槓精」，和電影裡容不下常人的「喪屍」何其相似！

別人獨自吃飯、看電影、學習，本來一點都不覺得慘。可他偏要認為那些「獨行俠」都是「怪咖」，還特意去問候幾句：「你怎麼能一個人看電影呢？」「一個人吃飯能吃得下去嗎？」

別人喜歡發朋友圈、微博，本來是想要以此來記錄生活，給回憶留下一些線索。可他偏要認為別人是自戀狂，是炫耀狂。腦子裡想的都是，「這人怎麼又去旅遊了」「這人怎麼那麼多廣告要轉發」「這人的生活品質是裝出來的吧」「她也不上班，又哪來的錢到處玩呢，呵呵」……

再不就是肆意攻擊別人的喜好。別人喜歡抄錄名人名言，他就說「那是小學生才做的事情」；別人追星追劇，他就說那是「無腦」「幼稚」……

他的目標不是辨明道理，而是氣人。

他最擅長的事情是輕易地得出結論：「這男人真摳門，群裡只會搶紅包」「這女人整天只知道濃妝豔服，沒有一點內涵」「這老人什麼都好，就是脾氣不行」「這孩子太內向了，估計沒什麼出息」……

看到有人說，「理解得越多，就越容易痛苦；見識得越廣，就越容易糾結；人太善良，就容易被人欺負」，他輕易就信了，得出了「要糊塗、要麻木、要狠一點」的生活總結。

可惜沒有人告訴他，活得通透、見識高明、保持善良的好處是：你會擁有與苦難相匹配的清醒，與絕望相抗衡的堅韌，與焦慮相等的心安。

他才不管這些，他只會根據他的好惡，快速地得出結論。

比如，結了婚，就說單身的人其實是怕約束；離了婚，就覺得別人的幸福婚姻都是裝出來的；生了孩子，就覺得不生孩子的人都自私；工作了幾年，就覺得讀碩士、讀博士的人就是在浪費生命；習慣了啃老，就認為工作的人都是在出賣靈魂……

一下子就能被人看出是個壞人，那不叫壞，叫蠢；一下子就能得出結論，那也不叫聰明，叫懶。

他喜歡參與討論，但以「抬槓」為己任。

他從來不看別人討論的角度是什麼，也不看別人說的前提條件是什麼，他們僅憑自己的猜測來評論和判斷，僅憑隻言片語就下結論。他永遠都在自說自話，外加各種邪惡的猜測，既做不到實事求是，也做不到具體問題具體分析。

這就好比說，你提醒他衣服髒了，他卻回答你：「我的褲子是新的。」

他擅於把無知當無畏，把抬槓當個性，他的常態是，醜而不自知，笨卻不克制。

看到有人努力上進，他就去潑冷水：「差不多得了吧，至於那麼認真嗎？」「就你認真，就你厲害，顯擺什麼？」……他根本就不知道別人籌畫有多久、付出有多少、累積有多難。

他自己不曾為了改變生活而努力過，卻敢去鄙視那些正在努力的人；他自己日漸消沉變成了一個不痛不癢的人，卻敢去嘲笑那些愛恨分明的人。

大概是因為，他自身沒有當生活藝術家的本事，所以轉行當了生活的「職業差評師」，就好像是做不了英雄，轉身去當了告密者。

難怪有人說：上等人喜歡捧人，中等人喜歡比人，下等人喜歡踩人。

唉，真是替你不好意思，別人都是笑起來很好看，唯有你，是看起來很好笑。

＊＊＊

有這樣一則故事，說是一個人進了一家漁具商店，看見貨架上有一款魚餌正一閃一閃的，非常引人注目。於是他就問老闆：「這東西，魚類真的喜歡嗎？」

老闆笑著對他說：「這又不是賣給魚類的。」

很多時候，你覺得不合理的事與物，很可能是因為這些東西不是為你準備的，而不見得是別人有多傻。

同樣的道理。

當你看到一個不喜歡的設計時，很有可能是因為作品的目標受眾不是你。根本就不是因為設計師水準差勁，或者是他的眼光太低級。

當你發現自己跟某個人的觀點始終無法達成一致，甚至到了「經常針鋒相對」的地步，很有可能是因為你們有不同的人生經歷，因為結論往往就是一個人全部人生的濃縮。

當你發現一個曾經還不錯的朋友突然把你封鎖了，很有可能是因為他不想跟你繼續交往了。根本就不是你做錯了什麼，或者他犯了規。

另外有一個很重要的原因是每個人的標準不同。

比方說，甲月薪三千，他覺得月薪八千就算高薪；乙月薪八千，他覺得月薪三萬才算；而丙月薪三萬，他覺得月薪六萬才算。這樣的話，甲要是跟丙說「八千就是高薪」，丙是會不屑的；而丙要是在甲面前哭窮，那甲就會非常尷尬。

《宅男行不行》裡有一句經典臺詞：「很多人尋覓伴侶以分享生活，少數人單身一人已足夠快樂。願天下有情人享受相愛，一如少數人享受孤單。」

都是成年人了，就該懂得「和而不同」。況且，你既沒有義務也沒有權利去教育另一個成年人。

實際上，只要活著，就一定會有你看不慣的人，就好像有人看不慣你一樣；也一定會有不認同的觀念，誠如有人不認同你一樣。

所以我的建議是，允許別人和自己不一樣，也允許別人隨便是哪樣。不要想著說服別人，也不要強求別人能夠理解你。事實證明，絕大多數的「說服」都是徒勞無功的，只會讓人心生厭煩，甚至產生越來越多的「不順眼」。

所以，與人交往時，聽得清楚，說得明白即可，求同存異才是君子之交。

這樣的你，不會貶低別人，也不認為自己絕對正確；不再覺得有什麼事情是必須要解釋的，並且開始覺得不被理解是「沒什麼大不了的事」。

這樣的你不會對他人的生活指指點點，也不會執拗於要說服誰，而是選擇用善意換取善意，用尊重換取尊重——因為對方是在誠心誠意地表達意見，所以你願意尊重，而不是因為對方跟自己意見一樣，所以才去尊重。

互相能夠理解，那是理想；互相不能理解，才是現實。

被真相傷害，總比被謊言安慰好

有個男生問我：「你那麼看得開，會有抱怨的事情嗎？」

我說：「當然會有，但我有個習慣，在抱怨A這件事，會順手去感謝一下B那件事，這樣平衡之後，能稱得上糟糕的日子就不多了。」

他又問：「那你失戀過嗎？你會恨那個跟你分手的人嗎？你被拒絕過嗎？被拒絕之後你還有堅持嗎？」我正準備逐一回答的時候，發現他已經在滔滔不絕地講他的傷心事了。

我原本以為，他來問我，是想問我的看法，讓我給出一個私人的答案。後來我才意識到，他來問我，只是給我一個機會，讓我聽他說。

原來，他用了大半年的時間苦苦追求一個女生，可那個女生始終不為所動，不見面，不回訊息，不收禮物。

他中途想過要放棄，可又捨不得，但這麼追下去，又覺得遙遙無期。情緒爆發的時候，他會覺得自己這大半年都白費了，甚至覺得那個女生故作姿態。

他憤憤地說：「我以後要做個壞人，在別人動心之前絕不動心，在付出的時候斤斤計較，我要永遠當先轉身的那一個，而不是像現在這樣被人隨時輕視，隨處丟棄，像個垃圾。」

抱怨的尾聲，他的語調又從「憤慨模式」切換成了「幽怨模式」：「我很敏感，她很灑脫，大概就是性格不合吧。我的直覺很準的，我早就感覺到她不喜歡我，可還是捨不得放手。大概是因為我太痴情了，所以活該受罪，活該被輕視。」

我說：「你的直覺是對的。你能察覺到的所有怠慢、輕視，都是客觀事實，它們不是因為你敏感才存在的。」

他又問：「那你覺得我做錯了嗎？」

我說：「追不上一個人，不是你的錯，但肯定也不是她的錯。她只是拒絕了一個她不喜歡的人，這叫精神潔癖。而你呢，苦苦糾纏一個不喜歡你的人，這只能叫精神怪癖。」

她不好追，不一定是她不需要愛情，也不見得是她有多清高，很有可能是因為她知道「愛情很貴，不能隨便」。畢竟，她已經在她的世界裡堅守了多年，如今把自己準備得美麗賢淑，抱著一顆赤誠之心等那個「蓋世英雄」，所以她絕不允許自己等到的只是一個不夠滿意的路人甲。

你不肯撒手，也不見得是因為你有多痴情，很有可能是因為你知道「自己這一路追過來，有多不容易」。畢竟，你翻了山，也越了嶺，一路披荊斬棘才到她的門前，當然不捨得因為為難就立即掉頭走開。

所以結論是，她不接受你，僅僅是因為你這個人不夠令她滿意，這就是全部原因。不是她的眼光有問題，也不是你的性格有問題。你不要用「性格不合」來為自己的「魅力不足」背黑鍋了。

在愛而不得的時候，思考就容易偏執，甚至扭曲。就像張愛玲在《小團圓》裡寫的苦情話：「雨聲潺潺，像住在溪邊，寧願天天下雨，以為你是因為下雨不來。」

現實中的你也差不多是這樣的。情緒來了，甚至希望對方是個瞎子，這樣的話，對方沒看上你，沒發現你的好，你可以對自己撒謊，說對方只是因為瞎，所以不愛自己。

某人對你說「不想談戀愛」，其實是說「不想跟你談戀愛」。因為你還沒有優秀到讓他改變自己的原則和人生規畫的地步，但為了保護你的面子，他只好說「不想」。

所以，你就不要再心存幻想，覺得「自己再主動一點點，還有可能發生故事」了。

我要提醒你的是：以你當下的這副尊容，加上這個乏味的靈魂，以及易燃易爆易受潮的性格，你要是逢人都主動一點點，拒絕你的人是一定可以湊夠一副撲克牌的。

嗯，想哭就來找我傾訴吧，我一定會盡情地笑話你的。

＊＊＊

可能很多人都有類似的感受：那些快樂的、悲傷的、痛苦的、甜蜜的回憶，早晚都會隨著時間的流逝慢慢淡化，而那些尷尬的回憶卻會歷久彌新，每次回想起來都如同親臨現場，恨不得動手掐死自己。

老于最近的感慨特別多，他找我閒聊時說：「要是真有時光機器，我一定會散盡家財去坐一次，然後把曾經的蠢事都用橡皮擦擦掉。」

老于並不老，但他自稱「做過的蠢事足夠拍一部八十集的連續劇」。

在他很小的時候，年過七旬的爺爺躺在病床上問他：「如果我死了，你會怎麼辦？」

小傢伙先是一愣，然後就往地上一倒，旋即打滾、哭鬧。爺爺以為他是聽見「死」字給嚇著了，趕緊叫人將他抱起來。

結果他說：「爺爺，我這是演給你看的，怕你死了之後看不見。」

上小學的時候，老師讓他帶一張一吋的照片，他聽錯了，帶了一張一歲的照片，還是穿開襠褲的那種。

談戀愛的時候，約女生看電影，因為害羞，結果買的座位居然是前後排；後來膽子肥了，就學電視劇裡在女生的寢室樓下擺滿了心形蠟燭，結果蠟燭選的是清明節才用的那種；第一次表白成功，他居然在深夜的操場上放了一串萬響的鞭炮，結果被學校記了一次大過……

最搞笑的是去年，老于替姊姊去給外甥女開家長會，開到一半的時候犯睏了，他就在課堂上偷偷抽起菸來。

老師先是對他使了眼色，他沒明白；後來老師咳嗽了兩下，他依然沒有意會。最終，老師不得已開口了：「有些人不懂規矩，一個人在課堂上抽菸。」

結果他起身了，從包裡掏出一盒菸，準備給在座的家長挨個發一根。

老于講這些舊事的時候，我笑得前仰後合。他踢了一下我的椅子，「威脅」我正經點。

他說：「我現在最討厭的事情就是與那些特別有魅力的人在一起工作，因為我感覺他的魅力會把我吞噬。到末了，我成了他的陪襯，就像是他展現人氣、口才和人脈的祭品。」

他說：「我越來越受不了我自己，不會討喜，不懂人情世故，也不圓滑，還經常做蠢事。」

我笑著問他：「那換個角度，如果讓你立刻變得八面玲瓏、口若懸河，讓你記住每一個同事、親戚、朋友的生日，讓你摸清楚老闆、上司的心思，讓你在工作中搶著應酬、送禮，讓你見人說人話、見鬼說鬼話……你覺得你受得了這樣的自己嗎？」

他認真地想了想，然後認真地搖了搖頭。

其實，很多人都是高估了「不夠圓滑」給自己造成的損失，卻忽視了「變得圓滑世故」需要承受的代價，同時也忽視了教養、形象、本事、人品等才是決定一個人受歡迎和被重視的關鍵。

換言之，真正拖累你的並非「性格的不圓滑」，而是你「自身的不優秀」——是那些盛大卻無處安放的情緒、沒有競爭力卻也沒有再精進的本事，以及病入膏肓、無可救藥的懶。

或許你做過很多蠢事，或許你總是後知後覺，或許你暫時沒有什麼拿得出來的本事，或許你在別人眼裡是透明的，或許你從來都沒什麼朋友……

對你的整個人生來說，這些已經是既成事實了，可以說是無所謂了，但有所謂的是：你是否還有上進心，是否願意馬上改變。

在無人問津的時候，你努力學習、認真看書、刻苦練琴、用心畫畫……這些別人看不到的事情都指向唯一的目標：讓自己有用、有趣、有料。

當有一天，別人終於注意到你的時候，他們會發現自己認識的居然是一個比想像中要可靠得多、好玩得多、優秀得多的人，而不是僅用一個「哦」就描述完了的人。

所以我的建議是，不是把自己封印在「我很差勁」「我不會做人」的念頭裡，更不要被一些人云亦云的，甚至是過時的觀念牽著鼻子走。

不夠圓滑沒有問題，不會做人也不致命，致命的是胸無大志，身無長物。

經常聽見有人說，要和優秀的人交朋友。可如果你沒有什麼拿得出手的東西，那麼你終究是會被優秀的人撇下的。你再怎麼攀緣附會，也終究入不了他的眼。

黏著一個不把你當回事的厲害角色，並不會讓你變厲害，相反，那叫自降身價。

人脈的本質是強強聯合，是各取所需，而不是一人得道，雞犬升天。

所以，別急著攀附，先讓自己變可靠。

我只是替你擔心，同樣都是年輕人，有的脫了貧，有的脫了單，而你卻像是脫了韁，像個笑話一樣在人間一路狂奔。

＊＊＊

你得承認，人的本性就是雙重標準。

打個比方。你正在吃炸雞腿，喝啤酒，然後發了個朋友圈，說「油炸的就是最好吃的食物」。

這時候，有個你不喜歡的人給你留言：「這東西不健康。」你的第一反應肯定是：「關你什麼事？吃你家雞腿了？」

可如果是你喜歡的人給你留言：「這東西不健康。」你的內心戲大概是：「天啊，他在關心我。好吧好吧，我以後再也不吃了。」

又比如說，喜歡的人犯了錯誤，你會不分青紅皂白地原諒他，甚至會主動替他開脫、辯解；而討厭的人稍有過失，你就會不顧天地良心地鄙視他，甚至詆毀、誣陷。

這種「雙標」本性帶來的直接後果是，你將那些喜歡聽的評論稱為好心建議，將那些不愛聽的視為抹黑挑事；將那些覺得合理的看成是「事實如此啊」，將那些覺得不合理的認定為「肯定有陰謀」。

所以，看到老師把「優秀學生」的榮譽頒給了成績不如自己的同學，你就斷定好好學習遠不如學會討喜，卻忽視了那位同學在平時表現出的過人的組織能力和團隊合作的能力。

看到老闆把管理的職位給了業績不如自己的同事，你就以為工作業績遠不如會拍馬屁，卻忽略了那個同事卓越的社交能力和領導能力。

你覺得自己和藹可親，很好相處，其實只是隱藏了真實的自己；你覺得自己顧全大局、作出了很多犧牲，實際上不過是擁有了「忍氣吞聲」和「委曲求全」的爛品格……

你隨手找了一些看似合理的理由來欺騙自己，可問題是，矇著眼睛真的能騙了全世界嗎？

更嚴重的後果的是：自欺的次數多了，你會慢慢變成「心靈上的瞎子」「靈魂上的聾子」和「良心上的啞巴」。

我曾見過，自稱是「善解人意」的人在有意無意地用言語傷害別人，還滿臉的春風得意。

也曾見過，自稱是「心直口快」的人在再三強調有著明顯錯誤的歪理，還自認為是在匡扶正義。

還曾見過，自以為「聰明絕頂」的人被並不難看穿的奉承或誘惑所輕易欺騙，還一臉的滿意……

這讓我想起來很久之前聽過的一則笑話。說是一對情侶在樹下休息，突然一坨鳥糞掉在了男生的頭上。男生氣呼呼地質問那隻鳥：「你沒看見樹下有兩個人嗎？」

結果那隻鳥一邊抱歉，一邊很誠懇地說：「我看見了，可是，我只有一坨鳥糞啊！」

你看，我們常常就像是這隻鳥，自以為是的善解很多都是誤解。所以，請你時刻提醒自己：要清醒！

我所謂的「清醒」，就是隻身獨行卻不會覺得孤獨，無人幫扶也不覺得虛弱無力；就是當有人不拿你當回事的時候，你還瞧得上自己；當有人抬舉你的時候，你沒有太拿自己當回事；就是任憑這個世界如何瘋狂、浮躁、紛繁複雜，而你能始終警覺、善良、一塵不染。

最後，讀一首雨果的詩吧，〈我們都是瞎子〉。

吝惜的人是瞎子，他只看到金子，卻不見財富。
揮霍的人是瞎子，他只看到開端，卻看不見結局。
賣弄風情的女人是瞎子，她看不見她的皺紋。
有學問的人是瞎子，他看不見自己的無知。
誠實的人是瞎子，他看不見壞蛋。
壞蛋是瞎子，他看不見上帝。
上帝也是瞎子，他在創造世界的時候，沒有看見魔鬼也跟著混進來了。
我也是瞎子，我只知道說啊說，沒有看見你們都是聾子。

高寶書版集團
gobooks.com.tw

高寶文學 031

寧與高手爭高下，不與傻瓜論短長

作　　者　老楊的貓頭鷹
特約編輯　林婉君
助理編輯　陳柔含
封面設計　林政嘉
內頁排版　趙小芳
企　　劃　鍾惠鈞

發 行 人　朱凱蕾
出　　版　英屬維京群島商高寶國際有限公司台灣分公司
　　　　　Global Group Holdings, Ltd.
地　　址　台北市內湖區洲子街 88 號 3 樓
網　　址　gobooks.com.tw
電　　話　(02) 27992788
電　　郵　readers@gobooks.com.tw（讀者服務部）
　　　　　pr@gobooks.com.tw（公關諮詢部）
傳　　真　出版部　(02) 27990909　行銷部 (02) 27993088
郵政劃撥　19394552
戶　　名　英屬維京群島商高寶國際有限公司台灣分公司
發　　行　英屬維京群島商高寶國際有限公司台灣分公司
初版日期　2019 年 2 月

原書名：常與同好爭高下，不與傻瓜論短長
本作品中文繁體版通過成都天鳶文化傳播有限公司代理，經瀋陽悦風文化傳播有限公司授予英屬維京群島商高寶國際有限公司台灣分公司獨家發行，非經書面同意，不得以任何形式，任意重製轉載。

國家圖書館出版品預行編目 (CIP) 資料

寧與高手爭高下，不與傻瓜論短長／老楊的貓頭鷹著. -- 初版. -- 臺北市：高寶國際出版：高寶國際發行, 2019.02
　面；　公分. -- (高寶文學：031)

ISBN 978-986-361-635-1(平裝)
1. 自我實現　2. 生活指導

177.2　　107023183